ZHONGGUO
WENHUAQUWEN

中国
文化趣闻（上）

张凯月◎编著

中国出版集团

现代出版社

图书在版编目(CIP)数据

中国文化趣闻(上)／张凯月编著. —北京：现代
出版社，2014.1
ISBN 978-7-5143-2140-1

Ⅰ. ①中… Ⅱ. ①张… Ⅲ. ①中华文化－青年读物
②中华文化－少年读物 Ⅳ. ①K203－49

中国版本图书馆 CIP 数据核字(2014)第 008602 号

作　　者	张凯月	
责任编辑	王敬一	
出版发行	现代出版社	
通讯地址	北京市安定门外安华里 504 号	
邮政编码	100011	
电　　话	010－64267325 64245264(传真)	
网　　址	www.1980xd.com	
电子邮箱	xiandai@cnpitc.com.cn	
印　　刷	唐山富达印务有限公司	
开　　本	710mm×1000mm　1/16	
印　　张	16	
版　　次	2014 年 1 月第 1 版　2023 年 5 月第 3 次印刷	
书　　号	ISBN 978-7-5143-2140-1	
定　　价	76.00 元(上下册)	

目　录

第一章　民间趣闻

第二章　智慧趣闻(上)

第一章　民间趣闻

六尺巷的故事

　　故事发生在清康熙年间，安徽省桐城县。城内的一条街巷两边，一边是文化殿大学士张英的府邸，一边是桐城富户吴乡绅的豪宅。街巷是连接城内外的交通要道，两家一直以此巷为界，和睦相处。吴家相公苦心攻读，却屡试不第，其妻胡月娥伤心不已。而对门的相府，官运兴旺，几个公子，连登金榜。胡月娥爱夫心切，听信太叔公计谋，偷移界碑，圈路砌墙，巧夺风水宝地，借以改变吴家命运。吴家突然砌墙，截断相府便民街巷，百姓埋怨不满。相府少夫人姚香兰，出面理论拦阻，胡月娥拒不相让。两家吵得不可开交，桐城知县从中斡旋，香兰与月娥都是胸有成竹，一致同意和县令的建议：挖界碑，明地界。不料，果真在相府墙外的竹林下挖出了界碑。相府有理成无理，香兰有口难辩，月娥得意洋洋。和知县知道相府家规甚严，姚香兰也是知书识理，断不会说无根据之话、做无理之事。可是，法律依据事实，吴家挖出了界碑，张家如果不能证明小巷是相府所有，那么吴家在自家宅地上砌墙，谁也拦不住。香兰发现界碑是被人所移，要求依据地契判决。胡月娥强词夺理，巧言狡辩，并指责和县令偏袒相府，巴结讨好，官官相护，欺压百姓，一句话点中和县令的要害。和县令进退两难，明知吴家不对，也不敢明确支持相府，只得折中调和，判令张吴两家都在各家地基上砌墙这个含糊不清的判决。有了这个判决，月娥更加有恃无恐，拦路砌墙；香兰当仁不让，护路拆墙。双方争执中，误伤胡月娥，月娥因此大闹相府。张夫人命香兰上门赔礼，香兰委屈争辩。张夫人恪守家训，训导儿媳。

香兰述说自己不让吴家圈路砌墙，正是考虑乡邻的利益，众家人丫环也是异口同声帮少夫人争辩，认为不该委曲求全。张夫人感到问题更加严重，因而严责香兰，指出：相爷一生，主张"谦和礼让"，香兰身为相府当家人，带领家人与乡邻恃强争斗，坏的是公公名声、败的是张氏家风。这样下去，势必会导致家人子弟恃强凌弱之风，对张家将来有害无益。香兰幡然醒悟，痛悔自己处事鲁莽，真诚认错，愿意忍受委屈，前去赔礼。婆媳俩达成共识，礼要赔，路不让，百姓利益要维护。香兰来赔礼，胡月娥又惊又喜又矛盾。如果再占基砌墙，她的良心不安，如果不扭转风水，又担心丈夫的命运前途。再加上圈路砌墙挖界碑的事，在桐城闹得家喻户晓，已成骑虎难下之势，继续圈路砌墙。和县令听说张家赔礼求和，吴家仍然我行我素，十分气愤，上门与胡月娥理论。胡月娥不买他的账，反而劝和县令不要再巴结张家，因为她已得知张英被罢相了。和县令却告之胡月娥，他从前不敢支持张家，就是因为怕人说他官官相护，现在相爷既然罢了相，他没有顾虑了，可以为张家伸张正义了。但是这两家争吵，无伤无害没有触犯法律，和县令也没有办法治吴家的罪，只有命令衙役帮助张家拆除吴家的院墙。胡月娥软硬不吃，坚持砌墙。小路上，墙砌了拆，拆了砌，两家纷争升级，成了冤家对头。民谣诽议，满城风雨，张夫人焦虑患病，香兰修书飞报京城。张英回信赋诗一首，香兰领悟诗意，退让三尺，命家人砍树砌墙。胡月娥命其兄长打探张英回信，其兄没有听清，断章取义，按自己猜测的内容，告之胡月娥。胡月娥信以为真，抓住这封信大做文章，状告张英，明目张胆指示家人砌墙霸占吴家三尺地基。

　　和县令请香兰取出家书，当众宣读张英原诗："一纸家书只为墙，让他三尺又何妨？长城万里今犹在，不见当年秦始皇。"胡月娥呆若木鸡，又羞又愧，无地自容……和县令斥责胡月娥自私自利，不识好歹，诬告相爷，要按律治罪。姚香兰却为其求情，并坦诚地表示，自己也心怀狭隘，导致如此局面，不能全怪吴家。胡月娥感动悔悟，忏悔自己不该偷移界碑，一错再错，并决定也退让三尺，使小路变得更宽更好走。两家握手言欢，重归于好。一条祥和的"六尺巷"，通向久远！一段谦和礼让的佳话，四海传扬！

东床快婿

　　晋代郗鉴有个女儿，年方二八，名叫郗璇，字子房。生得人有人才，貌有貌相，郗鉴爱如掌上明珠。郗鉴要为女择婿，郗鉴觉得丞相王导家子弟甚多，听说个个都才貌俱佳，于是郗鉴希望能在王丞相家子弟中择婿。

一天早朝后，郗鉴把自己择婿的想法告诉了王丞相。王丞相说："那好啊，我家里子弟很多，就由您到家里挑选吧，凡你相中的，不管是谁，我都同意。"郗鉴就命管家，带上厚礼，来到王丞相家。

王府的子弟听说郗太尉派人来觅婿，无不铆足了劲，仔细打扮一番出来相见，惟盼雀屏中选。

郗府管家看来看去，感觉王府的青年才俊个个都很好。最后，郗府管家来到东跨院的书房里，就见靠墙的床上一个袒腹仰卧的青年人，原来王羲之在来相府半路上再三赏玩东汉著名书法家蔡邕的古碑后，沉迷不已，什么事都不放在心上，相亲的事早忘光了。当他急急忙忙来到相府，因为天气实在太热，就随手脱掉外衣，袒胸露腹，边喝着茶，边想着蔡邕的书法。管家见他这般神情，惊呆了，问他话也不答理。

郗府管家回到府中，对郗太尉说："王府的年轻公子二十余人，听说郗府觅婿，都争先恐后，惟有东床上有位公子，袒腹躺着若无其事。"郗鉴说："哈哈，我要选的就是他了！"郗鉴来到王府，见此人既豁达又文雅，才貌双全，当场下了聘礼，择为快婿。"东床快婿"一说就是这样来的。

这"东床快婿"王羲之就是大名鼎鼎的书法家，被后人称之为"书圣"。

乔太守乱点鸳鸯谱

热闹的庙会上，秀才孙润不慎将词稿失落，恰被少女刘慧娘拾得，二人因此相识，互相爱慕。与此同时，另一秀才裴政也和另一少女徐文姑一见钟情。两对情人为了表示情意，互赠信物，不想因庙会中人多杂乱，又各有父母伴随，竟在慌乱中将信物递错，孙润的白扇递给了徐文姑，徐文姑的罗帕被孙润接去；刘慧娘的罗帕给了裴政，裴政的白扇到了刘慧娘手中。因此，孙润竟以为自己所爱之人叫徐文姑，徐文姑也以为自己所爱之人叫孙润，刘慧娘则以为自己所爱的是裴政，裴政也以为自己爱的是刘慧娘。正好在此之前，由于父母包办，孙润与徐文姑，裴政与刘慧娘都已订了婚约，互相正在催娶、催嫁中。当他们听到了所订之人，均以为就是自己的意中人，不禁暗喜。孙润有姐名珠姨，早已与刘慧娘之兄刘璞订下婚约。刘家因为刘璞久病不愈，决定要将珠姨接过门来拜堂冲喜，事先言明原轿去，原轿回，不在刘家停留。迎亲之日，珠姨因不满父母包办，又怕刘璞一病不起，故装病不肯上轿。在无可奈何之时，因孙润长得与姐姐相像，便决定由孙润男扮女装，代姐出嫁。拜堂之时，刘家又因刘璞病重不能起床，只得由刘慧娘以女扮男，代兄行礼。礼毕，刘家忽变前言，坚留孙润入宿洞房，并要刘慧娘前往陪伴。在洞房中，彼此发现了对方正是自己朝思暮想的意中人，于是，假夫妻成了真夫妻。事情被泄露了出来。由此，引起了一连串的争吵：刘家骂孙家"卖假货";裴家骂刘家"纵女行奸";徐家则闹着要和孙家退婚……事情越吵越大,不得解决,只好互相扭到公堂打官司,请乔太守断案。由于案情牵扯太广,本身又错综复杂,把乔太守弄得昏头涨脑,想按父母包办之婚姻原配原断,又受到追求婚姻自主之青年人的反对;想按青年人的意愿来断,又受到维护封建礼教父母们的反对。在左右为难之中,他干脆来了一个乱点,结果正好将刘慧娘配给孙润、徐文姑配给裴政。正是"今朝乱点鸳鸯谱,千年万载传佳话"。

李益情负霍小玉

歌妓霍小玉原来出身于贵族世家,父亲是唐玄宗时代的武将霍王爷,母亲郑净持原是霍王府中的一名歌舞姬。因外貌秀美、歌舞动人而被霍王爷收为妾。不料,在郑净持身怀六甲的时候,"渔阳鼙鼓动地来,惊破霓裳羽衣曲",突如其来的"安史之乱",打破了郑净持安享霍王爷恩爱的美梦。霍王爷在御敌时战死,霍王府中家人作鸟兽散,郑净持带着尚在襁褓中的霍小玉流落民间,开始了贫民生活,到唐代宗大历初元,霍小玉已经 16 岁了,禀受母亲的资质,长得容貌秀艳,明丽可人;加上母亲的悉心教诲,她不但能歌善舞,而且精通诗文。这时,母亲郑净持落难时从府中带出的首饰细软都变卖用度殆尽,为了维持母女俩的生计,霍小玉不得不承母亲的旧技,做歌舞妓待客。为了女儿的前途,郑氏对待客的尺度把持甚严,仅限于奉歌献舞,为客人助兴消愁，决不出卖身体。这样竭力保住女儿的贞洁，是为了有朝一日遇到有缘人，能名正言顺地为人妻，以获取终身的幸福。这样卖艺不卖身的艺妓，娼门中称为"青倌人"，必须意志坚定的人才能做到。霍小玉虽为"青倌人"，但因才貌俱佳，照样能吸引一大批清雅风流之客，成为颇有声誉的红歌伎。在京城里，有一个以诗文著称的人——李益。他生在陇西，游遍那里的汉唐古战场，写下了许多感怀战争的诗篇，如《喜见外弟又言别》："十年离乱后，长大一相逢；问姓惊初见，称名怀旧容。别来沧海事，语罢暮天钟；明日巴陵道，秋山又几重！"霍小玉也是因战乱而经受离丧之苦的人，对李益的诗篇分外感动。后经街坊的穿针引线，终于见到了李益，他当时正是状元及第等待委派官职。交谈了几句话后彼此都感到情投意合，谈论诗文，竟忘却了时间的流逝。霍母也很欣赏李益，心想若能成此二人姻缘，霍小玉也可落得终身有靠。于是他们以红烛为媒，以美酒为约，发下了"海枯石烂不变心"的盟誓。李益索性住在霍小玉家中，每日里二人同吃同住，同出同入，真和夫妻一样。就这样过了大约快一年的时间，李益升为郑县主簿，须先回故乡陇西探亲，然后上任。等安排好一切以后，再接霍小玉到郑县完婚。李益临行之时，霍小玉忧心忡忡，想他官高位显之后，定会变心，而李益却再三盟誓："明春三月，迎取佳人，郑县团聚，永不分离。"二人挥泪而别。李益回乡后，父母高兴异常，风光一番之后，为他订下了一门亲事，女方是官宦人家的女儿。李益不得已说出了霍小玉之事，但其父母坚决反对取一个歌伎入门，李益思虑再三也觉得取官宦人家的女儿对自己的仕途会有帮助，于是热热闹闹地办了婚事。

此时的霍小玉还在眼巴巴地盼望。半年过去了，不见李郎，一年过去了，仍是杳无音信。霍小玉知道担心终成事实，悲恨交加，卧床不起。李益负心之事渐渐传开，全长安都知道了，许多人为霍小玉愤愤不平。

没多久，李益进京办事。一个道士把李益硬是架到了霍小玉家门口。看到因绝望而面黄肌瘦、神情恍惚的霍小玉，李益羞愧难当。霍小玉挣扎着站起来，面对负心之人纵有万般苦楚却一句话也不想再说了。她拿起一杯酒泼在地上，表示与李益已是"覆水难收"，倒地而亡。李益抚尸大哭，悔之晚矣。

多年以后，李益官至礼部尚书，飞黄腾达，而他对霍小玉对愧疚之情却折磨了他一辈子。

拆字趣闻两则

拆字趣闻一

中华文字多奇趣，古今多少文人墨客玩味其中以为乐。如有一种文字游戏叫"拆字"，被广泛用于作诗、填词、撰联，或用于隐语、制谜、酒令等。南宋胡仔《苕溪渔隐丛话》载有一首拆字诗：

日月明朝昏，山风岚自起。

石皮破乃坚，古木枯不死。

可人何当来，意若重千里。

永言咏黄鹤，志士心不已。

每一句中都含有拆字，构思奇特新颖。用于撰联则更多，如

张长弓，骑奇马，单戈独战；

嫁家女，孕乃子，生男曰甥。

上联拆拼"张、骑"二字又合并"战"字，下联拆拼"嫁、孕"二字又合并"甥"字，分别表现了驰骋疆场和儿女情长的两种场面，富于趣味性和艺术魅力。

正史中也对"拆字"这种游戏有记载，如《后汉书》载："献帝初，童谣云：'千里草，何青青，十日卜，不得生。'"这条隐语中，"千里草"即"董"，"十日卜"即"卓"，暗示董卓专权事。

历史上曾发生过大量的"拆字"趣闻，有心人大浪淘沙广阅细筛，选出其中的一些经典趣闻，与各位看官共赏之。

拆字趣闻二

《岳传》说，宋高宗赵构因岳飞主战、秦桧主和而被搅得六神无主，微服出街解闷，遇一拆字先生，便据当时的季节随手写一"春"字给他拆解。

拆字先生看罢此字，对赵构纳头便拜。赵构大惊，问其究竟，拆字先生说，客官你看：一夫旁边一轮红日，岂是等闲之辈。赵构听了，对之深为佩服，便继续追问此字玄机。拆字先生一边收摊，一边向赵构耳语一句：春字"秦"头太重，压"日"

无光。说完，拆字先生便溜之大吉。很明显，这个故事是在讽刺宋高宗时期权倾天下的奸臣秦桧。

杨玉环"羞花"的故事

有一种小巧玲珑的花卉，它的复叶酷似芙蓉枝，点点对称，宛如鸟羽。植株上缀以数朵淡红色的小花，状若杨梅。人们用手一指，它那羽状小叶便很快闭合，叶柄也慢慢垂下，就象初涉人世的少女，因为纯洁和朴实，才那样忸怩、娇羞，所以人们都叫它"含羞草"。传说唐朝开元年间，唐明皇骄奢淫逸，派出人马，四处搜寻美女。当时寿邸县的杨元琰，有一美貌女儿叫杨玉环，被选进宫来。杨玉环进宫后，思念家乡。一天，她到花园赏花散心，看见盛开的牡丹、月季……想自己被关在宫内，虚度青春，不胜叹息，对着盛开的花说："花呀，花呀！你年年岁岁还有盛开之时，我什么时候才有出头之日？"声泪俱下，她刚一摸花。花瓣立即收缩，绿叶卷起低下。哪想到，她摸的是含羞草。这时，被一宫娥看见。宫娥到处说，杨玉环和花比美，花儿都含羞低下了头。这件事传到明皇耳朵里，便喜出望外，当即选场玉环来见驾，杨玉环浓装艳抹，梳洗打扮后进见，明皇一见，果然美貌无比，便将杨玉环留在身旁侍候。由于杨善于献媚取宠，深得明皇欢心，不久就升为贵妃。

西施舌的由来

有一种名为"西施舌"的菜式，是由一种叫"沙蛤"的海产贝类为原料做成的。这种贝类呈三角扇形，体型厚实，外壳为淡黄褐色，顶端带紫。贝壳打开时，吐出的一截白肉，形似一条小舌头，让人联想颇多，故名"西施舌"。

关于"西施舌"的得名有一个传说。春秋时期，越王勾践借西施之力，施美人计灭了吴国。大局已定，越王正欲接西施回国，越国王后恐西施回国后受宠，对自己的地位构成威胁，便叫人绑巨石于西施背上，将她沉入海底。西施死后便化为"沙蛤"，期待被人寻到，吐出香舌，尽诉冤情。

贵妃鸡的由来

据史载，唐明皇自从有了杨贵妃之后，便整日与她寻欢作乐、不理朝政。有一回，两人饮酒对歌，杨贵妃醉意朦胧中道："我要飞上天！"唐明皇却因醉听错了，以为她要吃"飞上天"；于是，命御膳房速速备出"飞上天"这道菜来。

厨师们对此菜闻所未闻，面面相觑，不知如何是好。但皇帝金口玉言，他既说出口，御膳房就得做出来。后来，有一位苏州厨师用童子鸡与香菇、淡菜、笋片、青椒一起焖烧，总算是把这

"天上飞"弄出来了。

杨贵妃品尝了此菜，甚是满意，对皇上说："此菜色艳、肉嫩、味浓香，与我贵妃相似，干脆就叫贵妃鸡吧！"

褒姒进宫

周幽王时，大夫褒垧因直言进谏，惹怒幽王，被囚于京城狱中。褒垧全家想方设法搭救，均未奏效。

一次，褒垧的儿子洪德外出收税来到乡间，碰巧遇到褒姒在门外汲水，洪德惊叹道："这里乃穷乡僻壤，竟然有如此绝色的美女！"他向当地人打听了褒姒的身世。原来是周幽王时的一个宫女所生，出生后被扔到宫外河中，后被来到褒地的好心人抚养成人。

洪德回家后对母亲说："当今天子荒淫无道，尽选四方美色，以补充后宫。我今天遇到一个名叫褒姒的女子。此女长得国色天姿，如果将她买来献给幽王，父亲定能出狱归家。"母亲听从洪德之言。于是，洪德又去乡间，用布帛 300 尺把褒姒换了出来。洪德让她用香汤沐浴，吃山珍海味，穿丝绸锦缎，然后带她进京。洪德买通宫中的红人，求他向幽王转奏说："褒垧目无君上，罪不容诛。今有褒垧的儿子洪德献美女褒姒，以赎父罪。"幽王闻奏，立即宣褒姒上殿。幽王见褒姒娇艳非常，光彩照人，心中大喜，立即留褒姒于宫中，并降旨赦褒垧出狱，恢复其官爵。

烽火戏诸侯

　　襄公七年（公元前771）春，周王朝出现了一件大事。件事还得从周幽王的宠姬褒姒说起。这褒姒乃是褒人洪德所献，姓姒，故称为褒姒。褒姒闭月羞花，沉鱼落雁，令人沉迷，却惟独不好笑，整日板着脸，是个典型的酷女。自从嫁给周幽王以来，褒姒就从没给过幽王一个笑脸，始终是冷冰冰的。这周幽王也十分奇怪，宫中美女如云，且个个对他毕恭毕敬，逢迎巴结，他偏偏不喜欢，却独独喜欢这个对他冷冰冰的褒姒。最让他伤心的是，这褒姒连笑脸都不肯给。

　　周幽王不想强迫褒姒，他相信精诚所至金石为开的道理，所以他加紧了对褒姒的攻势。这一日，周幽王苦思冥想一个晚上，好不容易想出了一个好主意，在早上给褒姒捧了一大捧鲜花献给褒姒，在门外等了半晌，好不容易听到了褒姒的梳洗打扮的声音，心知褒姒已经起床了，便敲了敲门，里面的褒姒娇声道："请进。"，这幽王才很绅士地走进屋去，没承想，刚迈进一条腿，另一条腿却被绊了一下，周幽王整个人摔了一个大马趴。摔得鼻青脸肿，手中的鲜花却一丝未动。他以前常使此计，每试必爽，从无失手，常常逗得他的美人儿们哈哈大笑。

　　但这次例外，这褒姒似乎知道了他的伎俩，依然不言不笑，冷冷地看着他，令他十分不爽，只好自我解嘲地笑道："呵呵，我太不长眼了，让美人儿见笑了"，见褒姒依然没有动静，周幽王只好讪讪地退了出去。

周幽王甚是烦恼，连朝也不想上了，吩咐大臣虢石父代他到殿上照应一下，独自闷闷的躺在益寿亭的摇椅发呆。他清楚地记得，他娶了这褒姒已经好几年了，在这几年里他没少费了心思讨这褒姒一笑，他扳着指头算了一下，自从褒姒嫁给他后，只笑过两次，第一次是他废了申侯封她为后的时候，第二次就是褒姒之子被他封为太子之时。时间过得真快，一晃时间就又过了几年了，从此再没见过这褒姒开口笑过，最后褒姒干脆把他赶出了自己的寝宫。回味起褒姒的两次开颜，周幽王不禁地意犹未尽，回味无穷。

俗话说，"重赏之下必有勇夫"，何不悬赏？周幽王想到这里又有了希望，于是便令人下告示："凡有逗褒姒一笑者赏黄金万两"。

果然虢石父见到周幽王的告示，赶来禀道："臣有办法令王后开心一笑。"周幽王大喜，抓住虢石父的双手激动地说："假如爱卿能让寡人的爱妃一笑，寡人给你黄金万两。"

虢石父道："臣为大王、王后服务是分内之事，岂能贪图大王的封赏。"周幽王说道："快点说一下，你到底有何计能使王后开心？"虢石父附耳对周幽王说了几句话，周幽王大喜。

次日，周幽王亲自去请褒姒郊游，褒姒本待不去，但耐不住他痴缠硬磨，只好随他前去。

一行人浩浩荡荡来到烽火台，周幽王搀扶着褒姒下车，又亲自搀扶褒姒一步步走上烽火台。二人迎风远眺，极目四望，果然是惬意无比。

见褒姒兴致很高，周幽王令人点燃烽火，只见一股狼烟，直冲云霄，煞是壮观。

过不多时，只见远处烟尘滚滚，原来是诸侯见烽火乍起，以为外敌来犯，派兵来救幽王。

见诸侯上当，褒姒果然展颜一笑。幽王见褒姒开心，自己也笑得前仰后合。有诸侯问道："大王点燃烽火，可是有敌人来犯？"

周幽王直笑得前气不接后气，说道："寡人和你开玩笑的，你们还当真了真是傻子。"

诸侯异常恼怒，但碍于他是大王，不好作，只好愤愤地挥手，领兵退去。

周幽王见褒姒嫣然一笑，大感受用，回味无穷。随后照葫芦画瓢又来了两次烽火戏诸侯的游戏。第二次诸侯们虽有了一次上当的经验，但怕周王室真的有什么事，还是派兵来了，来后现再次上当，再次愤愤而去。第三次的时候，诸侯们便知道这只不过是周幽王的一个游戏而已，没人前来了，后来又怕出事，还是派兵来了，发现又上了当，再次愤愤而归。

周幽王周幽王因宠爱褒姒，三戏诸侯，诸侯众叛亲离。申侯串通西戎、戎狄入侵周朝时，诸侯看到了烽火还以为是幽王的儿戏呢，再也不肯出兵救援，最终周幽王在骊山下被杀了。

朱元璋为皇后过生日

明朝洪武年间，适逢全国灾荒，百姓生活很艰苦，而一些达官贵人却仍然花天酒地。朱元璋决定自上而下整治一番挥霍浪费的吃喝风，只是一时又难于找到合适的时机，他冥思苦想，终于想出一个好办法来了。

皇后生日那天，满朝文武官员都来祝贺，宫廷里摆了十多桌酒席。朱元璋吩咐宫女们上菜。首先端上来的是一碗萝卜，朱元璋说道："萝卜、萝卜，胜过药补。民间有句俗话说'萝卜进了城，药铺关了门'。愿众爱卿吃了这碗菜后，百姓都说'官府进了城，坏事出了门'。来、来、来，大家快吃。"

朱元璋带头先吃，其他官员不得不吃。宫女们端上来的第二道菜是韭菜。朱元璋说："小韭菜青又青，长治久安得民心。"说完朱元璋又带头夹韭菜吃。其余官员也跟着夹韭菜吃。接着，宫女们又端上两碗别的青菜，朱元璋指着说："两碗青菜一样香，两袖清风好臣相。吃朝廷的俸禄，要为百姓办事。应该像这两碗青菜一样清清白白。"吃法与上次一样，皇帝先吃，众官仿效，风卷残云。吃完后，宫女们又端上一碗葱花豆腐汤。朱元璋又说："小葱豆腐青又白，公正廉明如日月，寅是寅来卯是卯，吾朝江山保得牢。"朱元璋动筷后，众官也就抢着吃了。吃完后，众官员以为下面可能就是山珍海味了，殊不知等了好久，宫女们就是不端菜来了。朱元璋见大家情绪有点紧张，于是当众宣布：

"今后请客，最多只能'四菜一汤'，皇后的寿筵就是榜样，谁若违反，定严惩不贷。"接着宣布散宴。

传说，自那次宴会后，文武众官宴会无一敢违例，廉俭之风盛行一时。

叫花子巧对皇帝

清朝乾隆年间：乾隆皇帝有一年下江南，来到了苏州。这天，他扮成教书先生，正在风景秀丽的狮子林悠哉游哉地走着，一眼看见墙角有个叫花子，正倚墙而坐。这叫花子衣衫破烂，边晒太阳边抓痒。乾隆看了心中一笑：都说江南多才子，不知这叫花子才学如何？乾隆皇帝走到叫花子跟前，顺口说道："抓抓痒痒，痒痒抓抓；不抓不痒，不痒不抓；越痒越抓，越抓越痒。"说完，"哈哈"大笑起来。叫花子听罢，微睁双眼；开口吟道："生生死死，死死生生，有生有死，有死有生；先生先死，先死先生。"说完。继续抓痒不止。乾隆皇帝闻言一惊！片刻，才感叹地说："都说江南多才子，真是名不虚传呢！"

陈子昂摔琴

陈子昂，字伯玉，是唐初的文学家、诗人。他从家乡四川到都城长安，千里迢迢，图展鸿鹄大志。然事与愿违，四处登门，赠诗献文，不是被拒之门外，就是受冷言相讥，功名事业，一筹莫展，忧愤交集。

一天，有人捧瑶琴一张求售，索价昂贵，达官贵人，文人骚客，争相传看，却没有买的。陈子昂看了琴之后，二话没说，倾囊把琴买下了。围观者都感到惊奇，子昂道："我生平擅长演奏这种乐器，只恨未得焦桐，今见此琴绝佳，千金又何足惜。"众人异口同声道："愿洗耳恭听雅奏。"子昂说："敬请诸位明日到宣阳里寒舍来。"

第二天，果然宾客满座，在酒酣耳热之际，他手捧昨天新买来的琴说："我陈某虽无二谢（谢眺，谢灵运）、渊明之才，也有屈（原）、贾（谊）之志，自蜀至京，携诗文百轴，奔走长安，到处呈献，竟不为人知。弹琴，我虽擅长，恐污尊耳。"说罢举琴就摔，"哗啦"一声，把琴摔得粉碎，接着他把诗文遍赠宾客。众人愈以为奇，交头接耳，议论纷纷："一摔千金，此人必是豪贵、奇人，奇人所作，必为奇诗奇文，不观也知其妙。"于是争相传诵。一日之内，子昂诗名满京华。其中"感时思报国，拔剑起蒿莱"之句，使人赞不绝口。

不久，陈子昂中进士，以上书论政，为武则天所赏识。他的诗是唐代革新派的先驱，对唐诗发展颇有影响。

二义冢

春秋时期，晋国的大奸臣屠岸贾鼓动晋景公灭掉对晋国有大功的赵氏家族。屠岸贾率三千人把赵府团团围住，把赵家全家老小，杀得一个不留。幸好赵朔之妻庄姬公主在事发之前已被秘密送进晋国王宫中。屠岸贾闻讯后，意欲赶尽杀绝，要晋景公杀掉公主。晋景公念在姑侄情分上，不肯杀庄姬公主。此时庄姬公主已身怀有孕，屠岸贾见晋景公不杀她，就设下斩草除根之计，准备杀掉婴儿。公主生下一男婴，屠岸贾亲自带人入宫搜查，但晋国忠臣韩厥让自己的一个心腹假扮医生，入宫给公主看病，用药箱偷偷把婴儿带出宫外躲过了搜查。屠岸贾估计婴儿已被偷送出宫，立即悬赏缉拿。

赵家忠实门客公孙杵臼与程婴商量救孤之计：如能将一婴儿与赵氏孤儿对换，我带这一婴儿逃到首阳山，你便去告密，让屠贼搜到那个假赵氏遗孤，方才会停止搜捕，赵氏嫡脉才能保全。程婴的妻子此时正生一男婴，他决定用亲子替代赵氏孤儿。他以大义说服妻子忍着悲痛把儿子让公孙杵臼带走。程婴依计，向屠岸贾告密。屠岸贾迅速带兵追到首阳山，在公孙杵臼居住的茅屋，搜出一个用锦被包裹的男婴。于是屠贼摔死了婴儿。他认为已经斩草除很，放松了警戒。程婴已经听说自己的儿子被屠贼摔死，强忍悲痛，带着孤儿逃往外地，过了十五年后，孤儿长大成人，知道自己的身世后，在韩厥的帮助下，兵戈讨贼，杀了奸臣屠岸贾，报了大仇。

程婴见赵氏大仇已报，陈冤已雪，于是他不肯独享富贵，拔剑自刎，死后与公孙杵臼合葬一墓，后人称"二义冢"。他们的美名千古流传。

完子舍身保国

　　春秋末期，齐国大夫田成子独揽了大权，当时齐国面临内外交困的形势，内部的百姓怨气很大，外部诸侯不服。田成子因上台"名分不正"，所以，对此一直苦无良策。祸不单行，越国借口说他篡权诸侯，出兵攻打齐国。田成子一看慌了手脚，急忙召集幕僚商量对策。有的说："越国来犯，实属欺人太甚，我国虽兵力不如越国强大，但可以动员全国军民，共同迎敌。"有的说："时下国内人心浮动，许多臣民还没有来得及享受到大王的恩惠。如果倾城出动，恐怕难得民心，难以服众。"有的建议："大王何不效仿他国，割让几个城池给越国，或可免动干戈。"争来争去，田成子都觉得不是破敌良策。他心里捉摸：倾城出动迎敌，不仅耗费国力太大，而且仅靠一批善战勇士带领老百姓去打仗，不一定能获胜，现在自己地位又不太稳定，闹不好还会出现反戈一击的局面。割让城池也非上策，自己刚刚掌权，就舍城丢池，将来难以建立威望，后患无穷。

　　正当他苦思冥想时，他的哥哥完子向他献计说："我请求大王准许我率领一批贤良之臣出城迎敌，迎敌一定要真打，打一定要战败，不仅战败而且一定要全部战死。如此，可退越兵，保全国家。"此言一出，满座皆惊，田成子不解地问："出城交战似可准许，只是交战一定要败，败还一定要死，这我就不明白了，请问何故如此呢？"完子从容回答："王弟现在占据齐国，老百姓不了解你的治国本领，没有看到你的政绩，有的私下里议论纷纷，说你是窃国之盗，不一定愿意为你打仗。现在越国来犯，而贤良之中又有不少骁勇善战之臣，认为我们蒙受了耻辱，急于出兵迎战。在我看来，出现这样的情况，我们齐国已经很令人忧虑了。"
"王兄所言极是，可为什么非得你去主动战死才能保全国家呢？难道没有别的办法吗？"田成子面对仁爱而又勇敢的哥哥仍苦思不得其解。完子说："越国出兵无非是要在诸侯面前抖抖威风，捞个正义的名声，况且，以他现在的实力完全吞并我们还不可能。我带领一批贤良之士，出兵迎敌，战而败，败而死，这叫以身殉道，越国一看杀死了大王的兄长，'教训'我国的目的也就达到了。而随我战死的那些人也为国尽了孝心，没有战死的也不敢再回到齐国来，这样一来，国内的人心也就稳定了，所以，据我看来，这是惟一的救国之国了。"田成子边听边流泪，只好听从兄长的建议，哭着为他送别。果然，完子以身殉道，救了齐国。

"万岁"和"万万岁"是怎么来的？

我们常在电视上看见大臣称颂皇帝时大叫"万岁"，其实"万岁"一词本来不是皇帝专用的。很久以前"万岁"只是表示人们内心喜悦和庆贺的欢呼语，到秦汉以后，臣子朝见国君时常呼"万岁"，但这个词仍不是皇帝惟一专擅的称呼，称呼他人为"万岁"，皇帝也不管。到了汉武帝时，他想把"万岁"据为己有，但民间遇到庆贺之事时，还是有人呼"万岁"。到了宋朝，皇帝才真正的不许称他人为"万岁"。

至于"万万岁"的来历，则来自一个故事。相传武则天称帝后，特别喜欢别人吹捧她，藉以抬高自己的"名不正"的地位，但她又不好直言。一天，她在金銮殿召集翰林院众学士，出题答对。她脱口出了上题：

玉女河边敲叭梆，叭梆！叭梆！叭叭梆！

众学士搜肠括肚，对答了几十句，武后都不满意，直觉扫兴。这时，有位惯于奉承的学士看出了她的心思，忙吟道：

金銮殿前呼万岁，万岁！万岁！万万岁！

武后兴高采烈，推为杰作。从此，"万万岁"一词便流传于朝野之间了。

指鹿为马的故事

秦二世时，丞相赵高野心勃勃，日夜盘算着要篡夺皇位。可朝中大臣有多少人能听他摆布，有多少人反对他，他心中没底。于是，他想了一个办法，准备试一试自己的威信，同时也可以摸清敢于反对他的人。

一天上朝时，赵高让人牵来一只鹿，满脸堆笑地对秦二世说："陛下，我献给您一匹好马。"秦二世一看，心想：这哪里是马，这分明是一只鹿嘛！便笑着对赵高说："丞相搞错了，这里一只鹿，你怎么说是马呢？"赵高面不改色心不跳地说："请陛下看清楚，这的确是一匹千里马。"秦二世又看了看那只鹿，将信将疑地说："马的头上怎么会长角呢？"赵高一转身，用手指着众大臣，大声说："陛下如果不信我的话，可以问问众位大臣。"

大臣们都被赵高的一派胡言搞得不知所措，私下里嘀咕：这个赵高搞什么名堂？是鹿是马这不是明摆着吗！当看到赵高脸上露出阴险的笑容，两只眼睛骨碌碌轮流地盯着赵高脸上露出阴险的笑容，两只眼睛骨碌碌轮流地盯着每个人的时候，大臣们忽然明白了他的用意。

一些胆小又有正义感的人都低下头，不敢说话，因为说假话，对不起自己的良心，说真话又怕日后被赵高所害。有些正直的人，坚持认为是说明书而不是马。还有一些平时就紧跟赵高的奸佞之人立刻表示拥护赵高的说法，对皇上说，"这确是一匹千里马！"

事后，赵高通过各种手段把那些不顺从自己的正直大臣纷纷治罪，甚至满门抄斩。

江郎才尽

南朝时的江淹，是个文学史上十分著名的人物。与他有关的妇孺皆知的成语就有两个："梦笔生花"与"江郎才尽"。江淹在被权贵贬黜到浦城当县令时，相传有一天，他漫步浦城郊外，歇宿在一小山上。睡梦中，见神人授他一支闪着五彩的神笔，自此文思如涌，成了一代文章魁首，当时人称为"梦笔生花"。中年以后，江淹官运亨通，官运的高峰却造就了他创作上的低潮。据《诗品》记载，江淹有一天晚上梦见一个人，自称是郭璞（晋代文学家），他对江淹说道："我有一支五色彩笔留在你处已多年，请归还给我吧！"江淹从怀中取出，还给了那人。其后他写的文章就日见失色。时人谓之才尽，于是便有"江郎才尽"一说。

徐庶以马试刘备

徐庶是东汉末年有名的谋士。他听说刘备是一个为人宽厚仁慈的贤明之主，很想投靠他，但不知刘备是否像人们所说的那样。于是，徐庶想试探一下刘备的虚实。

一天，徐庶见刘备专心致志地欣赏坐下的战马，便上前对刘备说："我以前学过一点相马术，让我来看看您的马。"刘备叫人把战马绕徐庶转了几圈，徐庶突然故作惊讶地说："主公的马虽是一匹好马，但终究要伤害一人。主公可以先把这匹马送给您所痛恨的人，等伤害他之后，您再骑它就平安无事了。"

刘备一听这话，很不高兴地说："我希望先生告诉我做善事的道理，不要教我害人的办法。"徐庶在旁哈哈大笑："主公，得罪了！我一直听人说主公仁德，今日特用这番话试探您，果然名不虚传。"

从此，徐庶尽心辅佐刘备，以后又为刘备推荐了旷世之才诸葛亮。

声东击西破命案

北魏时，有两个充军到杨州的逃犯，一个叫解庆宾，一个叫解庆安，他们是亲兄弟。解庆安逃脱在外，为了掩人耳目，解庆宾诬告是曾与他们结仇的当地人李盖、苏显甫二人杀了解庆安。李盖、苏显甫大呼冤屈，连忙辩解道：早晨二人才看到解庆安匆匆往城外出走，怎么转眼间解庆宾就把血肉模糊的解庆安尸体搬回了家？而证人是一位巫婆，她是根据算卦推算出来的。杨州府又经严刑逼供，李、苏二人屈打成招，此命案被草率地结案，上报到河东太守李崇处。

李崇仔细查阅案情，认为该案疑点重重，他又是个不信鬼神的清官，为了查明真象，他使出一计：不久，杨州传出上面的消息，说李、苏二人被判死罪，待秋后问斩。一天，从州郡下来二位公差，直接找到解庆宾说："你是不是有个兄弟叫解庆安，他在外地杀了人。"，解庆宾忙说："我兄弟被人打死了，现在已结案了，你们一定搞错了。"；公差说："解庆安曾告诉我们，他有个兄弟在杨州，很有钱，他苦苦向我们求情：让他兄弟出笔钱，来救他的性命。今天既然认错了，那就算了。"。二位公差欲走，解庆宾急忙把他们拉住说："那真是我兄弟，他其实没死，是逃遁在外，为了不让别人怀疑，我找了个替死鬼，不巧又被李盖、苏显甫发觉，他们与我有仇，就干脆说是他们杀了我兄弟的。"二位公差以"一手交钱、一手交人"为由，把解庆宾叫进当地的一个茶馆，李崇与杨州府衙等正等在那。原来，判李、苏死罪，二位公差说情等事端都是李崇声东击西的计谋。解庆宾见事情败露，只得俯首认罪。

假扮提督夺回爱妾

　　黄冈县的汪秀才有一宠妾名叫小蝶。一次，汪秀才领小蝶出游，被一伙彪形大汉抢走。经了解才知是柯陈兄弟抢走了。

　　汪秀才发誓要夺回小蝶。他向好友总兵管借来楼船、哨船，以及伞盖旌旗、冠服之类。之后召集几十个家人，穿上借来的冠服，打扮成军士，自己冒名新任提督，驾楼船和哨船向阖闾江口开去。

　　那柯陈兄弟善于巴结官场上的人，听说新任提督光临，早早在江边迎候。提督很给他们面子，应邀来柯陈家做客。柯陈兄弟好酒好肉款待提督，如此过了三日。

　　这天，提督回谢柯陈兄弟，请他们到自己的楼船宴饮。席间，提督说："有一件事对你们很不利。一个叫汪秀才的人告你们抢夺爱妾。那汪秀才是当今名士，他已向皇上奏本，上司命我全权处理此事。我们已是朋友，我先把此事告诉你们。如果你们将那女人秘密交出，我保证你们不吃官司，万事皆无。"柯陈兄弟先是吓得面如土色，后来见提督网开一面，便千恩万谢，表示愿意交出小蝶。楼船离开江面，返回岸边，柯陈兄弟亲自把小蝶交给提督。他们哪里知道，眼前这位提督是个"冒牌货"。

汪秀才假扮提督，瞒天过海，接近柯陈兄弟，又调虎离山，把柯陈兄弟骗到自己的船上，软硬兼施，使他们没有了退路。然后，他以假隐真，晓以利害，让柯陈兄弟亲自把小蝶送回。

伯乐相马

被称作伯乐的人本名孙阳，他是春秋时代的人。由于他对马的研究非常出色，人们便忘记了他本来的名字，干脆称他为伯乐，延续到现在。一次，伯乐受楚王的委托，购买能日行千里的骏马。伯乐向楚王说明，千里马少有，找起来不容易，需要到各地巡访，请楚王不必着急，他尽力将事干好。伯乐跑了好几个国家，连素以盛产名马的燕赵一带，都仔细寻访，辛苦倍至，还是没发现中意的良马。一天，伯乐从齐国返回，在路上，看到一匹马拉着盐车，很吃力地在陡坡上行进。马累得呼呼喘气，每迈一步都十分艰难。伯乐对马向来亲近，不由走到跟前。马见伯乐走近，突然昂起头来瞪大眼睛，大声嘶鸣，好像要对伯乐倾诉什么。伯乐立即从声音中判断出，这是一匹难得的骏马。伯乐对驾车的人说："这匹马在疆场上驰骋，任何马都比不过它，但用来拉车，它却不如普通的马。你还是把它卖给我吧。"驾车人认为伯乐是个大傻瓜，他觉得这匹马太普通了，拉车没气力，吃得太多，骨瘦如柴，毫不犹豫地同意了。伯乐牵走千里马，直奔楚国。伯乐牵马来到楚王宫，拍拍马的脖颈说："我给你找到了好主人。"千里马像明白伯乐的意思，抬起前蹄把地面震得嗒嗒作响，引颈长嘶，声音洪亮，如大钟石磬，直上云霄。楚王听到马嘶声，走出宫外。伯乐指着马说："大王，我把千里马给您带来了，请仔细观看。"楚王一见伯乐牵的马瘦得不成样子，认为伯乐愚弄他，有点不高兴，说："我相信你会看马，才让你买马，可你买的是什么马呀，这马连走路都很困难，能上战场吗？"伯乐说："这确实是匹千里马，不过拉了一段车，又饲养不精心，所以看起来很瘦。只要精心饲养，不出半个月，一定会恢复体力。"楚王一听，有点将信将疑，便命马夫尽心尽力把马喂好，果然，马变得精壮神骏。楚王跨马扬鞭，但觉两耳生风，喘息的功夫，已跑出百里之外。后来千里马为楚王驰骋沙场，立下不少功劳。楚王对伯乐更加敬重。

九方皋相马

秦穆公雄心勃勃，一心想超越其他国家，称霸天下，但苦于身旁没有贤才良臣来辅佐他。为此，他很苦恼。有一天，秦穆公召见了善于相马的伯乐，对他说："你的年纪一天比一天大了，不知你的子孙辈中有继承你的相马本领的吗？"伯乐回答说："大王，真是可惜得很，我的子孙中没有一个人及得上我，倒是我的好朋友九方皋，他相马的本领高强，大王可以试一试。"穆公当即召来九方皋，请他去寻一匹好马。过了三天，九方皋兴冲冲地跑来报告，说已为大王觅到了一匹第一流的好马。穆公高兴地问："是匹怎样的马？"九方皋答："是匹黄色的母马。"穆公让人把马儿牵来，谁知竟是一匹黑色的公马。于是穆公对伯乐说：
"你推荐的那位朋友怎么连马的颜色和雌雄都分辨不清，我怎么
能相信他推荐的是匹好马呢？"

伯乐答道："大王您有所不知，会相马的人，一眼便能看中
马的内在的灵性。至于马的颜色、外貌和雌雄都不会影响到一匹
好马的品性，所以九方皋把这些给忽略了，或许，他根本也没理
会这些。大王，您尽可以放心。"后来一试，果然是匹天下无双
的好马。秦穆公从这件事上得到了启发，他派人到各处去广招人
才，希望天下有用的人都投奔到他的门下来。

"徙木立信" 的故事

"徙木立信"是商鞅在秦国变法时为取得老百姓的信任而采
取的小策略。

公元前359年的一天，秦国都城的南门口立起了一根三丈高
的木柱，柱子上贴有一些盖着官印的告示："谁能把这根木头扛
到北门去，赏黄金十两。"当时围观的人很多，但没有一个人去
搬动那根木柱。他们不相信世间有这样的好事，而且秦国政府做
事历来虎头蛇尾，一向得不到人们的信任。后来，告示上的赏金
又提高到50两，人们依然持怀疑的态度，不敢去搬。过了几天，
才有一个人抱着试试看的心理半信半疑地把柱子搬到了北门，结
果马上得到了50两赏金。人们沸腾了，纷纷奔走相告。第二天，
人们又跑到城门口去看有没有木头，大家没发现木头，却看到了

变法的新法令。这次，人们都深信不疑，认为政府真是下决心要进行大刀阔斧的改革了。

老马识途

古代战国时，齐国发兵攻打另一个国家。齐军胜利返回时，因为不熟悉地形，走进了一个险谷，迷失了方向。足智多谋的齐国军师说：老马无论走多远，总能顺着来路回去。果然，齐军跟在老马后面，走出了险谷。将士们乐呵呵地夸赞："还是老马识途啊！"具体的故事是这样的：

公元前663年，齐桓公应燕国的要求，出兵攻打入侵燕国的山戎，相国管仲和大夫隰朋随同前往。

齐军是春天出征的，到凯旋时已是冬天，草木变了样。大军在崇山峻岭的一个山谷里转来转去，最后迷了路，再也找不到归路；虽然派出多批探子去探路，但仍然弄不清楚该从哪里走出山谷。时间一长，军队的给养发生困难。情况非常危急，再不找到出路，大军就会困死在这里。管仲思索了好久，有了一个设想：既然狗离家很远也能寻回家去，那么军中的马尤其是老马，也会有认识路途的本领。于是他对齐桓公说："大王，我认为老马有认路的本领，可以利用它在前面领路，带引大军出山谷。"齐桓公同意试试看。管仲立即挑出几匹老马，解开缰绳，让它们在大军的最前面自由行走。也真奇怪，这些老马都毫不犹豫地朝一个方向行进。

大军就紧跟着它们东走西走，最后终于走出山谷，找到了回齐国的大路。

三顾茅庐

诸葛亮（181—234 年），字孔明，青年时代躬耕于隆中，并苦读经书，熟悉历朝兴衰的历史，潜心钻研兵法。他常以春秋战国时的管仲、乐毅自比，是难得的一位将才、谋士，自称"卧龙"。善于网罗人才的刘备闻知，高兴地说："我需要这样的人才!"并表示哪怕山高路远，行走不便，也非亲自去请他不可。

深冬的一天，刘备带着关羽、张飞，到隆中邀请诸葛亮。谁知诸葛亮恰好不在家，刘备只好扫兴而归。

刘备回到新野，不断派人到隆中打听诸葛亮何时在家。当打听到诸葛亮外出已经回到家时，刘备当即决定二请诸葛。这时，张飞不以为然地说："一个平民百姓，派个武士把他叫来就得了，犯不着让你一再去请。"刘备说："诸葛亮是当代大贤，怎么能随便派个人去叫他呢？你还是痛痛快快地跟我去吧。"刘备说服了张飞，叫上关羽，三人骑马直奔隆中而去。

这一天，北风呼啸，大雪纷飞，冷得实在教人难忍。张飞对着刘备大嚷："我等何苦找此罪受！不如等天晴再说。"刘备却说："贤弟，咱们冒此大风雪，不怕山高路远，去请诸葛，不正表明了我们的一片诚意吗？"三人继续往前赶路。不料，这一次刘备又未见到诸葛亮，只好写了一封信托诸葛亮的弟弟转交，说明来意，并表示择日再访。

第二年春天，刘备更衣备马，决定第三次去拜访诸葛亮。张飞、关羽竭力劝阻。关羽说："我们两次相请，都未见到他，想必他徒有虚名，不敢前来相见。"张飞更是带着轻蔑的口吻说："我们已仁至义尽，这次只需我一人前往，他如若不来，我就将他绑来见你。"刘备连忙说道："不得无礼，没有诚意哪能请到贤人呢？"

刘备三人飞马直奔隆中，来到诸葛亮的草庐前。此时诸葛亮正在午睡。刘备唯恐打扰诸葛亮，不顾路途疲劳，屏声敛气地站在门外静候，直到诸葛亮醒来才敢求见。刘备见了诸葛亮，说道："久慕先生大名，三次拜访，今日如愿，实是平生之大幸！"诸葛亮说："蒙将军不弃，三顾茅庐，真叫我过意不去。亮年幼不才，恐怕让将军失望。"刘备却诚恳地说："我不度德量力，想为天下伸张正义，振兴汉室。由于智术短浅，时至今日，尚未达到目的，望先生多多指教。"刘备谦虚的态度，诚恳的情意，使诸葛亮很受感动。于是诸葛亮终于答应了刘备的请求，怀着统一全国的政治抱负，离开了隆中茅庐，出任刘备的军师。他忠心耿耿地辅佐刘备，为"三国鼎立"局面的确立，做出了巨大贡献。

诸葛恪添字得驴

诸葛恪是东吴大臣诸葛瑾（字子瑜）的长子。诸葛瑾脸长，常被人取笑。一次，孙权在大会群臣时，趁机让人牵入一头驴，驴的脸上写着"诸葛子瑜"四个字，以此来取笑调侃。那天，诸葛恪随父上朝，见此情景，他立即向孙权跪拜说："请借笔一用，让我添上两个字。"孙权同意，让人拿来了毛笔。诸葛恪于是在"诸葛子瑜"后面添上"之驴"两个字。群臣尽皆哄笑，夸赞诸葛恪的聪明。

孙权笑着对诸葛恪说道："既然是诸葛子瑜之驴，你就牵回家去吧！"这样，诸葛恪不仅为父亲打了圆场，而且顺手得到了一头驴。

春联的由来

据说五代时的后蜀国国君孟昶是个喜欢标新立异的国君，在公元964年岁尾的除夕，他突发奇想，让他手下的一个叫辛寅逊的学士，在桃木板上写了两句话，作为桃符挂在他的住室的门框上。这两句话是"新年纳余庆，嘉节号长春"。第一句的大意是：新年享受着先代的遗泽。第二句的大意是：佳节预示着春意常在。由此开始，桃符的形式和内容都发生了变化，这不仅表现在开始用骈体联语来替代"门神"、"神荼"、"郁垒"，而且还扩展了桃符的内涵，不只是避邪驱灾，还增加了祈福、祝愿的内容。这就成了中国最早的一副春联。

到了宋代，在桃木板上写对联，已经相当普遍了。王安石的《元日》诗中写的"爆竹声中一岁除，春风送暖入屠苏。千门万户瞳瞳日，总把新桃换旧符"就反映了每到除夕之日，家家户户挂桃符的盛况。同时，随着门神的出现和用象征喜气吉祥的红纸来书写桃符，以往的桃符所肩负的驱邪辟灾的使命逐渐转移给门神，而桃符的内容则演化成用来表达人们祈求来年福运降临和五谷丰登的美好心愿。

"春联"一词的出现，则是在明代初年。当年明太祖朱元璋当上皇帝之后，喜欢排场热闹，也喜欢大户人家每到除夕贴的桃符，就想推广一下。在一年的除夕前他颁布御旨，要求金陵的家家户户都要用红纸写成的春联贴在门框上，来迎接新春。大年初一的早晨，朱元璋微服巡视，挨家挨户察看春联。每当见到写得好的春联，他就非常高兴，赞不绝口。在巡视时见到一家没有贴春联，朱元璋很是生气，就询问什么原因，侍从回答说：这是一家从事杀猪和劁猪营生的师傅，过年特别忙，还没有来得及请人书写。朱元璋就命人拿来笔墨纸砚，为这家书写了一副春联："双手劈开生死路，一刀割断是非根。"写完后就继续巡视。过了一段时间，朱元璋巡视完毕返回宫廷时，又路过这里，见到这个屠户家还没有贴上他写的春联，就问是怎么回事？这家主人很恭敬地回答道："这副春联是皇上亲自书写的，我们高悬在中堂，要每天焚香供奉。"朱元璋听了非常高兴，就命令侍从赏给这家30两银子。由此可见，"春联"的得名和推广，是朱元璋采取行政命令的办法，颁布御旨才得以在家家户户推广开来的。

清明节的由来

相传春秋战国时代，晋献公的妃子骊姬为了让自己的儿子奚齐继位，就设毒计谋害太子申生，申生被逼自杀。申生的弟弟重耳，为了躲避祸害，流亡出走。在流亡期间，重耳受尽了屈辱。原来跟着他一道出奔的臣子，大多陆陆续续地各奔出路去了。只剩下少数几个忠心耿耿的人，一直追随着他。其中一人叫介子推。有一次，重耳饿晕了过去。介子推为了救重耳，从自己腿上割下了一块肉，用火烤熟了就送给重耳吃。19 年后，重耳回国做了君主，就是著名春秋五霸之一晋文公。晋文公执政后，对那些和他同甘共苦的臣子大加封赏，惟独忘了介子推。有人在晋文公面前为介子推叫屈。晋文公猛然忆起旧事，心中有愧，马上差人去请介子推上朝受赏封官。可是，差人去了几趟，介子推不来。晋文公只好亲去请。可是，晋文公来到介子推家时，只见大门紧闭。介子推不愿见他，已经背着老母躲进了绵山（今山西介休县东南）。晋文公便让他的御林军上绵山搜索，没有找到。于是，有人出了个主意说，不如放火烧山，三面点火，留下一方，大火起时介子推会自己走出来的。晋文公乃下令举火烧山，孰料大火烧了三天三夜，大火熄灭后，终究不见介子推出来。上山一看，介子推母子俩抱着一棵烧焦的大柳树已经死了。晋文公望着介子推的尸体哭拜一阵，然后安葬遗体，发现介子推脊梁堵着个柳树树洞，洞里好象有什么东西。掏出一看，原来是片衣襟，上面题了一首血诗：割肉奉君尽丹心，但愿主公常清明节。柳下作鬼终不见，强似伴君作谏臣。倘若主公心有我，忆我之时常自省。臣在九泉心无愧……晋文公将血书藏入袖中。然后把介子推和他的母亲分别安葬在那棵烧焦的大柳树下。为了纪念介子推，晋文公下令把绵山改为"介山"，在山上建立祠堂，并把放火烧山的这一天定为寒食节，晓谕全国，每年这天禁忌烟火，只吃寒食。走时，他伐了一段烧焦的柳木，到宫中做了双木屐，每天望着它叹道："悲哉足下。""足下"是古人下级对上级或同辈之间相互尊敬的称呼，据说就是来源于此。第二年，晋文公领着群臣，素服徒步登山祭奠，表示哀悼。行至坟前，只见那棵老柳树死树复活，绿枝千条，随风飘舞。晋文公望着复活的老柳树，像看见了介子推一样。他敬重地走到跟前，珍爱地掐了一下枝，编了一个圈儿戴在头上。祭扫后，晋文公把复活的老柳树赐名为"清明节柳"，又把这天定为清明节。以后，晋文公常把血书袖在身边，作为鞭策自己执政的座右铭。他勤政清明节，励精图治，把国家治理得很好。此后，晋国的百姓得以安居乐业，对有功不居、不图富贵的介子推非常怀念。每逢他死的那天，大家禁止烟火来表示纪念。还用面粉和着枣泥，捏成燕子的模样，用杨柳条串起来，插在门上，召唤他的灵魂，这东西叫"之推燕"（介子推亦作介之推）。此后，寒食、清明节成了全国百姓的隆重节日。每逢寒食，人们即不生火做饭，只吃冷食。

猜灯谜的由来

据传，很早的时候，有个姓胡的财主，家财万贯，横行乡里，看人行事，皮笑肉不笑，人们都叫他"笑面虎"。这笑面虎只要看见比自己穿得好的人，便像老鼠给猫捋胡子——拚命巴结；对那些粗衣烂衫的穷人，他则像饿狗啃骨头——恨不得嚼出油来。

那年春节将临，胡家门前一前一后来了两个人，前边那人叫李才，后边那个叫王少。李才衣帽整齐华丽，王少穿得破破烂烂。家丁一见李才，忙回房禀报，笑面虎慌忙迎出门来，一见来客衣帽华丽，就满脸堆笑恭敬相让。李才说要"借银十两"，笑面虎忙取来银两。李才接过银两，扬长而去。笑面虎还没回过神来，王少忙上前喊道："老爷，我借点粮。"笑面虎瞟了他一眼，见是衣着破烂的王少，就暴跳如雷地骂道："你这小子，给我滚！"王少还没来得及辩驳，就被家丁赶出大门。

回家的路上，王少越想越生气，猛然间心生一计，决定要斗斗这个笑面虎。转眼间，春节已过，元宵将临，各家各户都忙着做花灯，王少也乐哈哈地忙了一天。到了元宵灯节的晚上，各家各户街头房前都挂上各式各样的花灯，王少也打出一顶花灯上了街。只见这花灯扎得又大又亮，更为特别的是上面还题着一首诗。王少来到笑面虎门前，把花灯挑得高高的，引得好多人围看。笑面虎正在门前观灯，一见此景，忙也挤到花灯前，见灯上题着四句诗，他认不全，念不通，就命身后的账房先生念给他听。账房先生摇头晃脑地念道："头尖身细白如银，论秤没有半毫分，眼睛长到屁股上，光认衣裳不认人。"

笑面虎一听，只气得面红耳赤，怒眼圆睁，哇哇乱叫："好小子，胆敢来骂老爷！"喊着，就命家丁来抢花灯。王少忙挑起花灯，笑嘻嘻地说："老爷，咋见得是骂你呢？"笑面虎气呼呼地说："你那灯上是咋写的？"王少又朗声念了一遍。笑面虎恨声说："这不是骂我骂谁？"王少仍笑嘻嘻地说："噢，老爷是犯了猜疑。我这四句诗是个谜。谜底就是'针'，你想想是不是？"笑面虎一想：可不哩！只气得干瞪眼，没啥说，转身狼狈地溜起了。周围的人见了，只乐得哈哈大笑。

这事后来越传越远。第二年灯节，不少人都将谜语写在花灯上，供观灯的人猜测取乐，所以就叫"灯谜"。以后相沿成习，每逢元宵灯节，各地都举行灯谜活动，流传至今。

元宵的由来

正月十五吃元宵，"元宵"作为食品，在我国也由来已久。宋代，民间即流行一种元宵节吃的新奇食品。这种食品，最早叫"浮元子"后称"元宵"，生意人还美其名曰"元宝"。元宵即"汤圆"以白糖、玫瑰、芝麻、豆沙、黄桂、核桃仁、果仁、枣泥等为馅，用糯米粉包成圆形，可荤可素，风味各异。可汤煮、油炸、蒸食，有团圆美满之意。陕西的汤圆不是包的，而是在糯米粉中"滚"成的，或煮食或油炸，热热火火，团团圆圆。

元宵节的主要吃食是元宵。元宵也叫"汤圆"、"圆子"。据说元宵象征合家团圆，吃元宵意味新的一年合家幸福、万事如意。

吃元宵的习俗源于何时何地，民间说法不一。一说春秋末楚昭王复国归途中经过长江，见有物浮在江面，色白而微黄，内中有红如胭脂的瓤，味道甜美。众人不知此为何物，昭王便派人去问孔子。孔子说："此浮萍果也，得之者主复兴之兆。"因为这一天正是正月十五日，以后每逢此日，昭王就命手下人用面仿制此果，并用山楂做成红色的馅煮而食之。还有一种说法，元宵原来叫汤元，到了汉武帝时，宫中有个宫女叫元宵，做汤元十分拿手，从此以后，世人就以这个宫女的名字来命名。这两个传说不见史料记载，不足为信。

关于元宵节吃元宵的最早记载见于宋代。当时称元宵为"浮圆子"、"圆子"、"乳糖元子"和"糖元"。从《平园续稿》、《岁时广记》、《大明一统赋》等史料的记载看，元宵作为欢度元宵节的应时食品是从宋朝开始的。因元宵节必食"圆子"，所以人们使用元宵命名之。

元宵在宋朝很珍贵，姜白石有诗"贵客钩帘看御街，市中珍品一时来，帘前花架无行路，不得金钱不肯回。"诗中的"珍品"即指元宵。

到了现代亦有与元宵节有关的故事。袁世凯在做了大总统之后心犹未甘，还想当皇帝，因美梦不能成真，终日烦恼。一日他的姨太太说要吃元宵，话刚一出口，就被袁世凯打了一个耳光，因"元宵"与"袁消"谐音,从此袁世就给手下的人下了个命令,以后不许再说"元宵",而只能说"汤圆"。后来有人就此事写了一首打油诗:"诗吟圆子溯前朝,蒸化煮时水上漂。洪宪当年传禁令,沿街不许喊元宵。"

元宵是用糯米粉做成的圆形食品,从种类上分,可分实心和带馅的两种。带馅的又有甜、咸之分。甜馅一般有猪油豆沙、白糖芝麻、桂花什锦、枣泥、果仁、麻蓉、杏仁、白果、山楂等;咸馅一般有鲜肉丁、火腿丁、虾米等。用芥、葱、蒜、韭、姜组成的菜馅元宵,称"五味元宵",意寓勤劳、长久、向上。

元宵的制作方法很多,南北方有很大的差异。南方做元宵时,先将糯米粉用开水调和成皮,然后将馅"包"好;北方做元宵,先把馅儿捏成均匀的球,放在铺有干糯米粉的箩筐里不断摇晃,不时加入清水使馅沾上越来越多的糯米粉,直至大小适中。元宵大小不一,大者如核桃,小者若黄豆。

元宵的吃法亦很多,可水煮、炒、油炸、蒸等。实心的小元宵若加酒酿、白糖、桂花煮食,风味独特,宜于兹补。

元宵节除元宵这一具有代表性的节日食品外,各地还有许多其他的应节食品。浙江浦江一带吃馒头、麦饼。馒头为发面,麦饼为圆形,取"发子发孙大团圆"之意。

年 的 由 来

民间主要有两种关于年的传说,一种是:相传中国古时候有一种叫"年"的怪兽，头长触角，凶猛异常。"年"长年深居海底，每到除夕才爬上岸，吞食牲畜伤害人命。因此，每到除夕这天，村村寨寨的人们扶老携幼逃往深山，以躲避"年"兽的伤害。这年除夕，桃花村的人们正扶老携幼上山避难，从村外来了个乞讨的老人，只见他手拄拐杖，臂搭袋囊，银须飘逸，目若朗星。乡亲们有的封窗锁门，有的收拾行装，有的牵牛赶羊，到处人喊马嘶，一片匆忙恐慌景象。这时，谁还有心关照这位乞讨的老人。只有村东头一位老婆婆给了老人些食物，并劝他快上山躲避"年"兽，那老人捋髯笑道：婆婆若让我在家呆一夜，我一定把"年"兽撵走。老婆婆惊目细看，见他鹤发童颜、精神矍铄，气宇不凡。可她仍然继续劝说，乞讨老人笑而不语。婆婆无奈，只好撇下家，上山避难去了。半夜时分，"年"兽闯进村。它发现村里气氛与往年不同：村东头老婆婆家，门贴大红纸，屋内灯火通明。"年"兽浑身一抖，怪叫了一声。"年"朝婆婆家怒视片刻，随即狂叫着扑过去。将近门口时，院内突然传来"砰砰啪啪"的炸响声，"年"浑身战栗，再不敢往前凑了。原来，"年"最怕红色、火光和炸响。这时，婆婆的家门大开，只见院内一位身披红袍的老人在哈哈大笑。"年"大惊失色，狼狈逃窜了。第二天是正月初一，避难回来的人们见村里安然无恙十分惊奇。这时，老婆婆才恍然大悟，赶忙向乡亲们述说了乞讨老人的许诺。乡亲们一齐拥向老婆婆家，只见婆婆家门上贴着红纸，院里一堆未燃尽的竹子仍在"啪啪"炸响，屋内几根红蜡烛还发着余光。欣喜若狂的乡亲们为庆贺吉祥的来临，纷纷换新衣戴新帽，到亲友家道喜问好。这件事很快在周围村里传开了，人们都知道了驱兽的办法。从此每年除夕，家家贴红对联、燃放爆竹；户户烛火通明、守更待岁。初一一大早，还要走亲串友道喜问好。这风俗越传越广，成了中国民间最隆重的传统节日。另一种说法是，我国古代的字书把"年"字放禾部，以示风调雨顺，五谷丰登。由于谷禾一般都是一年一熟。所以"年"便被引申为岁名了。

重阳节的由来

相传在东汉时期，汝河有个瘟魔，只要它一出现，家家就有人病倒，天天有人丧命，这一带的百姓受尽了瘟魔的蹂躏。一场瘟疫夺走了青年恒景的父母，他自己也因病差点儿丧了命。病愈之后，他辞别了心爱的妻子和父老乡亲，决心出去访仙学艺，为民除掉瘟魔。恒景四处访师寻道，访遍各地的名山高士，终于打听到在东方有一座最古老的山，山上有一个法力无边的仙长，恒景不畏艰险和路途的遥远，在仙鹤指引下，终于找到了那座高山，找到了那个有着神奇法力的仙长，仙长为他的精神所感动，终于收留了恒景，并且教给他降妖剑术，还赠他一把降妖宝剑。恒景废寝忘食苦练，终于练出了一身非凡的武艺。

这一天仙长把恒景叫到跟前说："明天是九月初九，瘟魔又要出来作恶，你本领已经学成，应该回去为民除害了"。仙长送给恒景一包茱萸叶，一盅菊花酒，并且密授辟邪用法，让恒景骑着仙鹤赶回家去。

恒景回到家乡，在九月初九的早晨，按仙长的叮嘱把乡亲们领到了附近的一座山上，发给每人一片茱萸叶，一盅菊花酒，做好了降魔的准备。中午时分，随着几声怪叫，瘟魔冲出汝河，但是瘟魔刚扑到山下，突然闻到阵阵茱萸奇香和菊花酒气，便戛然止步，脸色突变，这时恒景手持降妖宝剑追下山来，几个回合就把温魔刺死剑下，从此九月初九登高避疫的风俗年复一年地流传下来。梁人吴均在他的《续齐谐记》一书里曾有此记载。

后来人们就把重阳节登高的风俗看作是免灾辟祸的活动。另外，在中原人的传统观念中，双九还是生命长久、健康长寿的意思，所以后来重阳节被立为才老人节。

苏小妹三难新郎

且说秦少游择了吉日，亲往求亲，苏洵应允，少不得下彩纳币。这时是二月初，少游急欲完婚，小妹不肯。她看秦观文字，必然中选，试期已近，到时金榜题名，洞房花烛，岂不美哉。少游只得依从。三月初三礼部大试，秦观一举成名，中了状元。到苏府来拜丈人，就禀复完婚一事。因寓中无人，想在苏府成亲。老泉笑道："今日挂榜，脱白挂绿，便是上吉之日，何必另选日子。今晚便在小寓成亲，岂不美哉！"东坡学士从旁赞成。是夜少游与小妹双双拜堂，成就了百年姻眷。

这夜月明如昼。少游在前厅筵宴已毕，方欲进房，只见房门紧闭，庭中摆着小小一张桌儿，桌上排列纸墨笔砚，三个封儿，三个盏儿，一个是玉盏，一个是银盏，一个是瓦盏。青衣丫鬟守立旁边。少游道："相烦传语小姐，新郎已到，何不开门？"丫鬟道："奉小姐之命，有三个题目在此，三题都答对了，方准进房。这三个纸封里面便是题目。"少游指着三个盏道："这又是什么意思？"丫鬟道："那玉盏是盛酒的，那银盏是盛茶的，那瓦盏是盛寡水的。三题都对，饮玉盏内美酒三杯，请进香房。两题对，一题不对，饮银盏内清茶解渴，明夜再来。一题对了，两题不对，喝瓦盏内淡水，罚在外厢读书三个月。"少游微微冷笑道："莫说三个题目，就是三百个，我何惧哉！"丫鬟道："俺家小姐不比寻常试官，之乎者也应个故事而已。他的题目好难哩！第一题，是绝句一首，要新郎也做一首，合了出题之意，方可。第二题四句诗，藏着四个古人，猜得一个也不差，方可。到第三题，就容易了，只要做个七字对儿，对得好便得饮美酒进香房了。"少游道："请第一题。"丫鬟取第一个纸封拆开，请新郎自看。少游看时，封着花笺一幅，写诗四句道：铜铁投洪冶，蝼蚁上粉墙。阴阳无二义，天地我中央。

少游想："这个题目，别人定猜不着。我曾假扮做云游道人，在岳庙化缘，去相那苏小姐。这四句含着'化缘道人'四字，明明嘲我。"于月下取笔写诗一首于题后：化工何意把春催？缘到名园花自开。道是东风原有主，人人不敢上花台。

丫鬟见诗写完，将第一幅花笺折做三叠，从窗隙中塞进，高叫道："新郎交卷，第一场完。"小妹览诗，每句顶上一字，合之乃"化缘道人"四字，微微而笑。少游又开第二封看之，也是花笺一幅，题诗四句：强爷胜祖有施为，凿壁偷光夜读书。缝线路中常忆母，老翁终日倚门闾。

少游见了，略作凝思，一一注明。第一句是孙权，第二句是孔明，第三句是子思，第四句是太公望。丫鬟又从窗隙递进。少游不语，心下想道："两个题目，难我不倒，第三题是个对儿，我五六岁时便会对句，不足为难。"再拆开第三幅花笺，内出对云：闭门推出窗前月。

初看时觉道容易，仔细思来，这对出得尽巧。若对得平常了，不见本事。左思右想，不得其对。听得谯楼三鼓将阑，构思不就，愈加慌迫。东坡来打听妹夫消息，见少游在庭中团团而步，口里只管吟哦"闭门推出窗前月"七个字，右手做推窗之势。东坡想："此必小妹以此对难之，少游为其所困矣！我不解围，谁为撮合？"急切思之，亦未有好对。庭中有花缸一只，满满的贮着一缸清水，少游步了一回，偶然倚缸看水。东坡望见，触动灵机："有了！"想教他对了，又怕小妹知觉，连累妹夫体面。东坡远远站着咳嗽一声，就地下取小小砖片，投向缸中。那水为砖片所激，跃起几点，扑在少游面上。水中天光月影，纷纷淆乱。少游当下晓悟，提笔对曰：投石冲开水底天。

丫鬟交了第三张试卷，只听呀的一声，房门大开，走出一个侍儿，手捧银壶，将美酒斟于玉盏之内，献给新郎，道："才子请满饮三杯，权当花红赏劳。"少游此时意气扬扬，连进三盏，丫鬟拥入香房。（有些书中记载，这副对联并不完整，应该是：双手推开窗前月，月明星稀，今夜断然不雨；一石击破水中天，天高气爽，明朝一定成霜）

中山装的由来

在清朝（1644—1911 年），中国男子都是按照满族的式样梳理头发，穿衣戴帽，一直延续到 20 世纪之初。虽然中国已步入了近代史的征途，但传统服装仍保持着一定的稳定性，服装仍沿用着传统的长袍、马褂、瓜皮帽等式样。1900 年之后不久，传统服式开始受到外国服式的一些影响，出现了一些改变，但基本式样仍保持着原有的状态，直至 1911 年辛亥革命爆发后，才出现了一些根本性的变革，它象征着清王朝的彻底崩溃和一个时代的终结。辛亥革命不仅带来了社会的剧变，而且也促使服装的变革更为迅速而明显。中山装就是在这一变革中诞生的。

中山装，据说是孙中山先生在广州任中国革命政府大元帅时，感到西装样式繁琐，穿着不便，而中国服装在实用上亦有缺点。1902 年，孙中山到越南河内筹组兴中会，偶入河内由广东人黄隆生开设的洋服店，为了节省外汇，并能体现中国国情而授意黄隆生设计一种美观、简易而又实用的中国服装，黄参考了西欧和日本服装式样，并结合当时南洋华侨中流行的"企领"文装上衣和学生装而设计缝制成的。但是，也有资料称，中山装原由当时的军装改制而成的。1919 年，孙中山先生在上海居住时，有一次，他将一套已经穿过的陆军制服拿到著名的亨利服装店请裁缝改成"便服"，改成"便服"后仍有点像军制服。但在便服中，它既非"唐装"，更非"西装"，店员便为之起名为中山装。由于孙中山先生在海内外声望很高，这种服式便不胫而起，迅速流传全国。当时的中山装背面有缝，后背中腰有带，前门襟钉9个钮扣，上下口袋都有"胖裥"。后来逐步演变成现在的款式：关闭式八字形领口，装袖，前门襟正中5粒明钮扣，后背整块无缝。根据《易经》周代礼仪等内容寓以意义，如依据国之四维（礼、义、廉、耻）而确定上衣前身设4个口袋，依据国民党区别于西方国家三权分立的五权分立（行政、立法、司法、考试、监察）而确定前门襟为5粒钮扣，又依据三民主义（民族、民权、民生）而确定袖口还必须有3粒扣子等。袖口可开衩钉扣，也可开假衩钉装饰扣，或不开衩不用扣。明口袋，左右上下对称，有盖，钉扣，上面两个小衣袋为平贴袋，底角呈圆弧形，袋盖中间弧形尖出，下面两个大口袋是老虎袋（边缘悬出1.5—2厘米）。裤有三个口袋（两个侧裤袋和一个带盖的后口袋），挽裤脚。很显然，中山装的形成在西装基本形成上又糅合了中国传统意识，整体廓形呈垫肩收腰，均衡对称，穿着稳重大方。

中山装做工比较讲究，领角要做成窝势，后过肩不应涌起，袖子同西装袖一样要求前圆后登，前胸处要有胖势，四个口袋要做得平伏，丝缕要直。在工艺上可分精做和简做两种，前者有夹里和衬垫，一般用作礼服和裤子配套穿用，后者不加衬料，适合于日常作便服穿用。中山装的优点很多，主要是造型均衡对称，外形美观大方，穿着高雅稳重，活动方便，行动自如，保暖护身，既可作礼服，又可作便装。其缺点是领口紧、卡脖子等。中山装素以其特有的沉着老练、稳健大方的风格吸引了广大的中老年人和海外华人的青睐，尤其是知识分子仍然视中山装为自己的日常服装。在穿着时，要注意由中山装所传递出的意蕴与其人生态度相吻合，要把风纪扣弥合，有人图一时的舒适而敞开领扣，这样会使自己在众人眼里显得不伦不类，有失风雅和严肃。

中山装的色彩很丰富，除常见的蓝色、灰色外，还有驼色、黑色、白色、灰绿色、米黄色等。一般来说，南方地区偏爱浅色，而北方地区则偏爱深色。在不同场合穿用，对其颜色的选择也不一样，作礼服用的中山装色彩要庄重、沉着，而作便服用时色彩可以鲜明活泼些。对于面料的选用也有些不同，作为礼服用的中山装面料宜选用纯毛华达呢、驼丝锦、麦尔登、海军呢等。这些面料的特点是质地厚实，手感丰满，呢面平滑，光泽柔和，与中山装的款式风格相得益彰，使服装更显得沉稳庄重，而作为便服用的面料，可选择相对较灵活，可用棉布卡其、华达呢、化纤织物以及混纺毛织物。

入木三分的故事

王羲之对书法勤学苦练，甚至走在路上，坐在椅上，还揣摩着名家书法的架势，手指也不停地划着字形，时间一久，连自己的衣襟都被划破了。

有一次他躺在床上，还用手临空划字，竟划到他的妻子身上。他妻子说："你怎么老在人家身上划？自家体，没啦！"

王羲之听到"体"字，忽然想到：是呀，应该创造自己的书体才是啊！于是从此以后，他翻遍了所有的碑帖手迹，糅和百家的长处，再加上自己的勤练，终于自成一体，成了我国古代最着名的书法家。

正因为王羲之不停地勤苦练字，天长日久竟练得腕力劲足，写出字来笔锋带力，真可以说是力透纸背。有一次他去看望一个朋友，碰巧友人不在，于是他在茶几上写了几个字就走了。后来这家人用力擦也擦不净，用水洗也洗不清。他在木板上写的字，让木工拿去雕刻，木工刻时发现木板上三分深的地方还渗透有墨迹。因此后来人们都说王羲之的字"入木三分"。这虽然是一种夸张了的说法，却很能说明他的功夫深啊！

误笔成蝇的故事

三国时曹不兴是一位绘画高手，尤其对人物画的造诣最为突出。据许嵩的《建康实录》记载，曹作巨幅画像，心敏手运，须臾即成，在描绘上，"对头、面、手、足、心、臆、肩、背，亡遗尺度。"相传有一个故事，正可以说明曹不兴画艺的精妙。有一次，吴帝孙权请人画屏风。屏风画好后，拿给孙权看，孙权瞧了又瞧，心里非常高兴。原来曹不兴画的是一篮子杨梅。孙权越看越爱看，看着看着，他忽然发现画面上的那只篮子边上有一只苍蝇，就甩开袖子，朝着那只苍蝇挥去，那只苍蝇却一动也不动。旁边的人见了，笑着对孙权说："大王，那不是真苍蝇，而是画上去的呀！"孙权揉了揉眼，又凑到屏风前仔细看，才看出那只苍蝇果真是画的，孙权止不住放声大笑说："曹不兴真是画坛的圣手啊！他画的蝇子，我还以为是真的呢！"其实，曹不兴原来并没有打算在屏风上画苍蝇。他聚精会神地在屏风上作画时，周围观画的人不时发出"啧啧"的称赞声。曹不兴画得十分兴奋，一不小心，将一滴墨滴在画面上，旁边的人都为他惋惜，只见他不动声色，咪起眼睛端详了一会儿，小心翼翼地把墨点描绘成了一只正要起飞的苍蝇。周围的人对画家能化腐朽为神奇的卓越才能和深厚功力齐声叫绝。

徐悲鸿鄙视小人

北京有位大人物想请著名画家徐悲鸿为他画一幅像，于是煞费苦心地宴请徐悲鸿，准备在宴会上提出这个要求。

这天，徐悲鸿徒步来到这位大人物的官邸，那些西装革履的先生们走进客厅时，接待人员点头哈腰地请他们签名留念，而徐悲鸿进来时，他们以为是随从，不予理会。

过了一会儿，梅兰芳来了，大人物和其他来宾都上前迎接。梅兰芬却径直走向一直被冷落的徐悲鸿。

大人物客气地问："梅先生，这位是……"

梅兰芳说："怎么，你不认识？他是画法研究会导师徐悲鸿先生啊！"

大人物后悔不迭，连声说："失礼了，失礼了！"

徐悲鸿站起身来说："我不是来赴宴的，而是来对你的盛情表示感谢的。"说完告别梅兰芳，扬长而去。

回到家，妻子蒋碧薇奇怪地问他："悲鸿，你怎么回来得这么快？"

"我觉得那里空气不干净，不愿意久待。"他淡淡地说。

唐伯虎送画

明代，江宁湖熟镇有 13 个门，门门都有木栅栏开关，还造了五座更楼：东、西、北面各一座，南面有两座，都造在栅栏门上头。白天行人出入，夜晚有地甲看更，二更天一过，13 个门就关门上锁，不许通行了。

一天，二更敲过，门外来了位客人叫门。老更夫就着月光一看，叫门的是位文弱书生，心里想：人家说不定是远道来的，方便他一下吧，就下楼打开栅栏门，让他进来了。更夫问相公了："你找哪家？"相公回说："我是游玩到此地的，哪个也不认得。"更夫心好，就说："深更半夜的，相公不嫌脏，就在我这更楼上避避风吧。"那相公没有去处，也只好跟他上更楼。一看，更楼虽小，东西也没几样，睡的是地铺，却生着一盆火，火上吊着一把紫铜茶壶，暖气当中夹着一股茶香。更夫拿围裙把桌子、板凳一阵擦，就请书生坐下来歇着。更夫又拿来一只杯子，擦擦干净，从火盆边上拿来酒倒满，还捧出一把花生米，笑笑说："相公，吃点酒解解寒气吧。"那书生早已饿了，也不客气，端起杯子就喝，花生米吃得津津有味，连声说："好酒，好酒，好菜，好菜！"

　　书生吃喝够了，精神大好，拿出随身带的文房四宝，对更夫说："老人家，难得你这一片好心关照，我画幅画送你，表表心意吧！"更夫一听蛮高兴，连忙把油灯捻亮，看他画。只见那相公纸一铺，墨一磨，提笔三画四画，就画成棵大树，树上分出五个岔枝，树正中一个大窝，窝里伸出五只画眉头。相公收笔对更夫道："有了这幅画，以后你看更就用不着点香来计时辰了。"更夫想不明白，书生就指着画里的五只画眉说："每到一更，窝里的画眉就有一只飞到树枝上，一飞就叫一声。五只画眉飞出后，也就是五更天了。以后，它们又会飞回窝里去。白天，你把画收好，晚上再挂，放心睡觉，误不了打更的事！"老更夫嘴上不说，心里疑惑："年轻轻的，说的比唱的好听呐。"将信将疑地把画收下了。第二天大早，相公临走，更夫才想起来问问他尊姓大名。书生笑笑道："我叫唐伯虎。"等老更夫回过神来去追，唐伯虎已经没影子了。

　　当天晚上，老更夫吃过晚饭，就把画画打开，刚刚挂上墙，那画上已经有只画眉歇在枝头上了。二更刚到，第二只画眉又叫喳喳地飞上枝头。就这么着，三更、四更；五更，五只画眉前前后后都飞出了窝，神得叫人不敢相信。老更夫笑得合不拢嘴。

何香凝虎穴救夫

　　1922 年 5 月，第一次直奉战争爆发。孙中山按照和皖系、奉系约定的计划，出兵北伐，抄袭直系后路。时任广东国民政府陆军部长的陈炯明，却勾结直系军阀吴佩孚，背叛孙中山，发动叛乱，围攻总统府。就在陈炯明发动叛乱的前一天，他令其手下到国民政府财政部以邀请廖仲恺商量事情为由，将其扣押在石井兵工厂。

在第二次探监前，何香凝从朋友那里听到了一个重要消息。据说，陈炯明的族弟陈达生在香港被人暗杀，刺客扬言说是因为陈炯明扣押了廖仲恺，下一个暗杀目标便是陈炯明。陈炯明听信了这个谣传，决心杀害廖仲恺以报私仇。

为了从虎口里救出丈夫，何香凝决定亲自去见陈炯明。她听说陈炯明要在白云山召开军事会议，便决定要当面向陈炯明要人。

8月18日那天，风雨交加，何香凝顶风冒雨爬上广州北面的白云山。陈炯明正在召集军事会议，何香凝怒气冲冲地走进会议室，直奔陈炯明。

"你怎么敢到这里来？这是什么地方你知道吗？"陈炯明厉声问道。"怎么不敢来，死都不怕了，我哪里不敢去？"何香凝针锋相对，毫无惧色。

与会人员谁不认识这位国民党元老、民国女豪杰？会议上引起一阵骚动。有人搬来椅子让何香凝坐，何香凝推开椅子，依然逼视着陈炯明。她声色俱厉地说："陈炯明，仲恺有什么地方对不起你？你们说仲恺帮助孙中山筹款，要把孙中山的钱包锁起来，就囚禁了仲恺。但仲恺又何尝没有帮助过你们呢？民国九年时，你们在漳州，那么困难，是仲恺把孙先生在上海莫利爱路的房子抵押了来帮助你们，你们还记得吗？难道只有帮助你们才对，帮助孙中山先生就不对吗？中山先生是革命的，我们只希望你们不要背叛孙中山。"

陈炯明理屈词穷，无言以对。他觉得在众人面前这样下去很丢面子，便强赔笑脸道："嫂夫人息怒，抓捕仲恺实属部下所为。这样吧，我写个条子，叫他们把仲恺转移到白云山来。"何香凝当即反驳道："我今天来不是向你要什么条子的，对仲恺是杀是放，我要你一个光明磊落的答复。你若真心要放人，就叫他同我一块回家。"

望着何香凝那一副豁出去了的愤怒之态，陈炯明有些胆怯了。他迟疑片刻，终于说："嫂夫人息怒，我放人。"陈炯明当即写下一道手令，并派人陪何香凝去石井兵工厂接廖仲恺回家。

回到家后，廖仲恺与何香凝商定，立即连夜离开广州，去了香港，以防陈炯明后悔变卦。事后，陈炯明果然后悔了。次日上午派兵去抓廖仲恺，却扑了个空。陈炯明懊悔不迭："唉，我这回输在了一个妇人手里，叫廖仲恺跑了！"

明太祖模仿高手遭"陷阱"

明太祖朱元璋最为人津津乐道的是他从乞丐、和尚再到皇帝的经历。皇帝爱好围棋，原本这并不稀罕，但草莽出身的朱元璋多少有点特别，因为他的擅长居然是"模仿棋"，只要能占得天元，那后头就是"照葫芦画瓢"，总能赢对手一子。据说如此一来，他的胜率还相当高。当然了，因为他是皇帝嘛，他的身份是得胜的筹码。

　　一日，朱元璋棋兴大发，拉上徐达来到南京城外的莫愁湖边，设了棋盘便要对局。话说这徐达自幼与朱元璋结拜兄弟，后起兵反元，乃明朝的开国大将。只是自朱元璋登基后，兄弟之间多了君臣之礼，每逢对弈之时，徐达总会相让三分，并不刻意求变，于是皇帝就总能赢上一子。那日朱元璋兴致大好，戏言要与徐达赌棋，若能赢了自己，便把莫愁湖赏赐于他。赢也不是，输也不是，就这么着，徐达接了个"烫手山芋"。

　　其实，徐达的棋艺原本就高，加之又经常陪皇帝下模仿棋，所以这里头的破解之法他早已悟出，于是灵机一动，计上心头。徐达落子，朱元璋紧跟模仿，可等到一盘棋快下满时，朱元璋却彻底迷糊了。无论是自己的棋还是徐达的棋，好像全都不活，那这么摆弄了半天又算是个什么事呢？正在皇帝纳闷之际，徐达起身跪到地上，请朱元璋细看棋盘。经过这一提醒，真相终于是大白了，原来棋盘上黑白之间乃是"万岁"二字。朱元璋大喜，改赐徐达湖边小楼一座，名曰"胜棋楼"。

一子解双征

　　初唐，一派盛世景观，博文艺于四海，达国威于八邦。正是在这种氛围中，围棋也步上了一个中外交流的良好平台。唐宣宗年间，到访的日本国王子与当时的棋待诏顾师言就有过一次著名的中日围棋交流事件——"一子解双征"。

　　日本国王子来朝，献宝器音乐，唐宣宗设宴款待。宴中，王子提出要与中国高手切磋棋艺，起初皇帝并没有太在意，只找来几个一般的棋手与之对弈。结果王子连番皆胜，弄得唐宣宗有点失面子，这才把当时的棋待诏顾师言召了来。

　　王子见高手出场，马上着人拿出日本带来的特制楸木棋具和"冷暖玉棋子"。楸木棋具是当时最高级的木制棋盘的一种，表面看似没有多少加工，实则光亮如镜，连人的影子也隐约可见。再说那棋子，天然成色，冬暖夏凉，也是佳物。

　　一番寒暄后，顾师言猜中执白先行。王子因已先胜几盘，下得颇为凶狠，对顾师言的小飞挂角以飞镇应对，当顾师言外靠时，又采取强硬的顶断。当王子行至第42手时，顾师言已知是双征，自己的两块棋必丢其一。再看日本王子得意的表情，俨然已是取胜的样子。关键时刻，顾师言突然想起前代棋待诏王积薪曾经下过一子解双征之局，再看眼前棋盘，不禁大喜过望，"啪"地落下第43手——一子解双征。结果，王子只得推盘认输。

　　王子输棋，询问顾师言是几品棋士，唐官回说"第三品"。王子想向一品棋手请教，唐官回说"只有胜了三品才能与二品下。"于是，这位起先还颇为得意的王子不禁感叹起国之差异。

宋太宗不愿当"常胜将军"

　　照理说，陪人下棋算不上苦差事，但在"伴君如伴虎"的大旗下，这里头的滋味可有些变调了。

宋太宗赵光义爱好围棋，技痒时自然得寻个对手。当时，在皇宫里头有个专职叫"棋待诏"，日常工作就是与皇帝对弈。其时的棋待诏叫贾玄，他每次和宋太宗对局总是不多不少仅输一子，那时叫"一路"，为的就是不让天子扫兴。贾玄的棋艺高出皇帝不止一筹，而宋太宗也清楚自己是被让了，起先他对此也挺满意，并没有点破。但是日子久了，宋太宗对这种"常胜"渐渐失了兴致，外加还总是赢得不明不白，他这心里头就更加不舒坦了。

一日，他下定决心，执意要让贾玄拿出真本事来与自己大战一盘。听闻圣意后，小小棋待诏自是连连推辞，但宋太宗另有高招——故意让贾玄三子。不过即便如此折腾，贾玄还是以精准的一路之差输棋。宋太宗失望之余马上要求再下一盘，并警告贾玄，若是再输可就要革去官职了。

第二盘棋开始，下到中盘时出现了一个"三劫循环"，双方都不能退让，按规矩应判为和棋。面对这一结果，宋太宗要求再来第三盘，而且还加重了警告力度——贾玄若胜，能获赐绯衣（获赐绯衣在宋代是极大的荣耀），倘不敌，便会被抛进污泥浊水中。

结果第三盘依旧和棋，因为贾玄被皇帝强迫性地让了三子，所以就算是输了。不过待他被侍卫扔进荷花池后，突然又高呼了起来。原来，贾玄的手里头还握着一枚子没算呢！见此情景，宋太宗不禁笑了起来，而后又赐予绯衣。

在宋太宗的榜样作用下，围棋在这一时期有了比较大的发展，还留下了几本名著，比如《棋经十三篇》、《忘忧清乐集》等都是那个朝代留给后人的宝贵文化遗产。

刘仲甫下棋

　　国手刘仲甫钱塘摆棋刘仲甫，字甫之，江南人，北宋时著名的围棋国手，宋哲宗时入宫任棋待诏，自此之后雄霸弈林二十余年，少有敌手。

　　据宋代成书的《春渚记闻》记载，一次，刘仲甫方向旅居钱塘，每日早出晚归，观看钱塘高手对局。几天后，他忽然在旅馆门外树起一面招牌，上写："江南棋客刘仲甫，奉饶天下棋先"，并出银三百两为赌注。一时观者如堵，议论纷纷，钱塘高手更是摩拳擦掌，准备和这位口出狂言的江南棋客一快高低。第二天，钱塘众富户也凑齐赌注三百两，在城北紫霄楼摆开棋局，请刘仲甫与本城棋品最高者对弈。弈至50着，刘仲甫似处处受制对方则洋洋得意，以为胜券在握。刘仲甫却不为所动，行棋如故。

　　又过20招，刘仲甫突然把棋局搅乱，将盘上棋子尽行捡入棋盒内。观者见了无不大哗，指责他撒泼耍赖。刘仲甫却侃侃而言说："我自幼学棋，一日忽似有所思，自此棋艺大进，成为国手。钱塘人杰地灵，高手如云，被棋人视为一关。我到这里就是要试试自己的棋力，如果能胜，则入都。这几天我一直来棋会观棋，钱塘棋手的品次，我已经了然于胸了，才出了这个招牌。现在，就让我为众位剖析这几日看过的棋局。"说着，他便在棋盘上摆开几天来这里有过的对局，边摆边讲，如某日某人某局，白本大胜，失着在何处；某日某局，黑已有胜势，何着不慎……一连摆下70余局，无一路差错，而且讲得头头是道，无懈可击。众人这才心悦诚服。

最后，他又摆事实出刚刚被搅乱的一局，对众人说："此局大家都以为黑已胜定，其实不然，白棋自有回春妙手，可胜10余路。"说罢，他在最不起眼处下了一子。众人都不解此着有何用处。刘仲甫解释说："这手棋待20着后自有妙用。"果然，棋下20着，恰恰相反遇此子，盘面局势顿时大变；至终局，胜了13路。刘仲甫于是棋名大振，成为一代高手。

来敏围棋"考"费祎

费祎，三国时蜀国的大臣，诸葛亮死后，蜀国的军政大权主要由他掌握。据《三国志·蜀书·费祎传》记载，费祎做蜀国的尚书时，由于国家处于战争状态，公务十分繁忙、复杂，但费祎非常聪敏干练，"识悟过人"，看文件时只要用眼睛很快溜一遍就可以知道文件的主要内容，速度比别人快得多，而且过目不忘。他只用早晨和傍晚的时间处理政务，其余的时间都用来接见来宾、吃饭和休闲。他很喜欢下围棋，玩的时候痛痛快快地玩，工作的时候效率也很高。另一位同样受诸葛亮赏识的大臣董允，曾经代费祎做了一段时间的尚书令，他也想学学费祎轻松处理政务的样子，但不过十来天的时间就出了差错。董允十分感叹地说："人与人的才干和能力相差得这么悬殊，费祎的才干是我所赶不上的。我把一整天的时间都用来处理政务，还是觉得顾不过来。"

其实，董允只是学了费祎围棋的"样子"，而没有真正理解下围棋的功能。费祎下棋看似在玩乐，实则在棋盘上演练着自己的雄才伟略，锻炼着自己的思维能力，思考着战争中可能会用到的奇谋良策。

布局时，费祎勾划着当时的蓝图；中盘时，费祎想到的是作战的准备工作和时机；官子时，他想到怎么样巩固蜀国的地盘。当形势不利时，他想到了韩信背水列阵的战例；局势犬牙交错时，他想到了周王夫智败吴楚；纠缠不清时，他想到了刘秀王莽的昆阳之战；相持下去不利时，他想到了曹操袁绍官渡之战。复盘时，他在不知不觉中锻炼着自己的记忆。与他人对局时，他在考验着对方的情绪、智力和性格的方方面面。董允的棋看来比费祎差，他可能真局限在棋盘和棋子上，没有更多的功夫想到其他的方面。

公元245年，费祎当时已经是大将军了，正是挥舞"大手笔"的时候。魏国大军直扑蜀境，形势万分危急。当魏国大部队在兴势（今陕西洋县）驻扎宿营的时候，费祎奉命出征，率兵前去迎击敌人。费祎调兵遣将，安排好粮草等后勤工作，正准备带兵出征与魏军交战，大夫来敏前来践行，希望与费祎下一盘围棋作为告别，费祎爽快答应。手下一位将领平日里忠心耿耿，急忙加以阻拦，并说："在这个十万火急的时候，还请将军不要下棋，以专心对付魏军。"费祎说"下一盘没有关系，请不必担心。"

两人对坐，来敏执白先行（与今天执黑先行不同，但究竟古代是执白或执黑先行还有些争论，笔者倾向于执白者先行一说，特此注明），专捡那激烈复杂，变化难以看清的下法，并且招招都是强手。再看费祎，神色镇定，防守得法，且暗藏杀机，不失分寸。来敏见无隙可乘，且棋势露出多处破绽，于是推盘认输，他恭贺费祎说："大战在即，我所以要求和你对弈，其实是要看看你的胸襟气度。现在我相信，你是抵御敌人的最好人选。"果然，费祎到前线后，坚壁清野，凭险固守，使魏军久攻不下，露出疲态，再若强行攻击，必为蜀军所胜，不得已全线撤退。

李可染拜师

李可染40岁，已多次举办画展，获得徐悲鸿、郭沫若、田汉、沈钧儒等名家的广泛好评，在中国画坛已有较高声誉。到北平不久，经徐悲鸿引荐，李可染见到了心仪已久的80多岁高龄的齐白石，表达了自己想拜师求教的心情。1947年春，可染带了20张画第二次拜见齐白石，由此引出一段动人的故事。

当时，齐白石正在躺椅上养神，画送到手边，他便顺手接过。起初他还是半躺着看，待看了两张以后，便不由自主地坐了起来，再继续看，齐老眼里放出亮光，身子也随着站了起来，边看边说："这才是大写意呢？"齐白石晚年有个习惯，认画不认人，看完画以后，他将注意力转移到可染身上，问："你就是李可染？"李可染忙答应。齐老高兴了，赞许道："30年前我看到徐青藤真迹，没想到30年后看到你这个年轻人的画。"徐青藤即徐渭，是明朝著名的花鸟、山水画家，其画以用笔豪放恣纵，潇洒飘逸，名重一时，对后世亦有极大影响。齐白石生平十分推崇徐渭，由此可见他对可染的赏识。接着，齐老满含深意地说："但我看你的画像是写草书，我一辈子都想写草书，可我现在还在写正楷……"就这样，二人以画为桥，一下子变得十分亲近。可染告辞时，齐老留他吃饭，可染再三推辞，齐老动了气，对正要迈出门槛的可染大声说："你走吧?"这时，齐老家人示意，可染你要听齐老的，留下吧。从此，齐白石与李可染结下不解之缘。

李可染对拜师一事非常看重，认为拜师仪式必须郑重其事，所以拖了一段时间。齐白石却等不及了，有一次他问可染："你愿不愿拜师?"李可染忙说："您早就是我的老师了。"齐白石会错了意，心情郁闷，不时地对身边的护士念叨："李可染这个年轻人，他不会拜我做老师的，他的成就，将来会很高。"这话传到李可染耳中，他急忙去见齐老，解释原因。齐老心直口快，连声说："什么也不需要，什么也不需要。"李可染茅塞顿开，当天在齐老第3子齐子如陪同下执弟子礼。齐白石连忙站起，扶可染起来，高兴之余，眼睛都有点湿润，喃喃地说："你呀，是一个千秋万世的人哪!"此后，李可染便正式成为齐白石的得意弟子，10年功夫，尽得齐师艺术精髓。

直言的魏征

有一次，魏征在上朝的时候，跟唐太宗争得面红耳赤。唐太宗实在听不下去，想要发脾气，又怕在大臣面前丢了自己接受意见的好名声，只好勉强忍住。退朝以后，他憋了一肚子气回到内宫，见了他的长孙皇后，气冲冲地说："总有一天，我要杀死这个乡巴佬！"长孙皇后很少见太宗发那么大的火，问他说："不知道陛下想杀哪一个？"唐太宗说："还不是那个魏征！他总是当着大家的面侮辱我，叫我实在忍受不了！"长孙皇后听了，一声不吭，回到自己的内室，换了一套朝见的礼服，向太宗下拜。唐太宗惊奇地问道："你这是干什么？"长孙皇后说："我听说英明的天子才有正直的大臣，现在魏征这样正直，正说明陛下的英明，我怎么能不向陛下祝贺呢！"这一番话就像一盆清凉的水，把太宗满腔怒火浇熄了。公元 643 年，直言敢谏的魏征病死了。唐太宗很难过，他流着眼泪说："人以铜为镜，可以正衣冠；以古为镜，可以知兴替；以人为镜，可以知得失。魏征没，朕亡一镜矣！"

寇准背靴

北宋时期，昏王无道，听信谗言，陷害忠良，将忠心报国的杨延景元帅充军云南。而后奸臣王钦若陷害杨延昭，假传圣旨赐其毒药。杨延景狱中好友任堂辉不忍忠良遭害，喝下毒药才使得杨延昭逃过一死。后来，杨府虚报杨延昭病死，假设灵堂，想自此回河东隐居。此时，辽军进犯，边疆告急。八贤王和天官寇准听到杨延景的噩耗，心情十分沉痛，并为朝中失去披肝沥胆的忠良而深感忧悒。于是，二人同往杨府吊唁。寇准在灵堂上看到杨延昭的儿子杨宗保不甚悲哀；又见到杨延昭的妻子柴郡主外面虽身着孝服里面却着红裙；还听到佘太君向八贤王奏本，举家要回河东，心中顿生疑团，便以守灵为名留八贤王同在杨府。夜晚，寇准疑虑满怀，难以入眠。这时，他忽然发现柴郡主来其窗外窥视后，提着篮子急忙向花园走去。寇准看穿其中有些蹊跷，便尾随柴郡主前往花园，柴郡主在黑夜中疾行，不小心摔了跤，篮子落在了地上。紧跟其后寇准也失惊跌倒，碰掉了纱帽，摔脱了靴子。寇准在寻找纱帽时，发现了篮子里的饭菜，并与寻找篮子的柴郡主碰在一起。寇准躲闪不及，又怕被柴郡主发现，便设法躲过了柴郡主。他为赶上柴郡主看个究竟，便背起靴子踉跄跟踪而去。寇准终于看到柴郡主将饭菜送进花厅，并听到她与杨延昭在花厅里讲话。这可乐坏了忠心为国的寇准，急忙赶回将此事报知八贤王。忧虑中的八贤王听说杨延昭还在人世，十分惊喜。于是，君臣二人悄悄地来到花厅，设法见到了杨延昭。从此，世代忠良的杨家又重为国为民捍卫边疆。

抛绣球

　　关于绣球，在壮乡流传着一个美丽的传说。说的是在 800 多年前的靖西县旧州古镇下的一个小村庄里，居住着一户贫穷人家。贫穷人家的儿子阿弟爱上了邻村的姑娘阿秀。阿秀美丽漂亮、生性善良，也深深地爱上了诚实、勤劳、勇敢的阿弟。

　　有一年春天，阿秀在一次赶圩时，被镇上一个有钱有势的恶少看上了，要娶阿秀为妻，阿秀以死相胁，坚决不从。当恶少得知阿秀深深地爱上邻村的阿弟时，为了让阿秀死心，恶少眼珠一转，计上心来。他贿赂官府，以"莫须有"的罪名将阿弟关进地牢，并判了死刑，等待秋后问斩。阿秀听到这个消息后，似晴天霹雳，整日以泪洗面，哭瞎了双眼。在阿秀哭瞎了双眼以后，阿秀开始为秋后就要被问斩的阿弟一针一线地缝制绣球。针扎破了手，血流在了绣球上，被血浸染以后，绣球上的花更艳了，叶更绿了，鸟更鲜活了。经过九九八十一天，载满阿秀对阿弟深深的爱恋，浸透了阿秀鲜血的绣球做好了。在阿秀变卖了自己的手饰，买通了狱卒，在家人的陪伴下，在阴暗潮湿的地牢里摸到日思夜想、却已被折磨得骨瘦如柴的阿弟时，阿秀绝望了，摸索着从身上取出绣球戴在了阿弟的脖子上。这时，只见灵光一闪，阿秀、阿弟和家人便飘然落在远离恶魔的一处美丽富饶的山脚下。后来，阿秀和阿弟结婚了，生了一儿一女，靠着自己勤劳的双手，过上了幸福的生活。经过一传十，十传百，慢慢地绣球就成了壮乡人民的吉祥物，壮乡青年男女爱情的信物，后来也就有了抛绣球、狮子滚绣球等民间活动。

七夕的由来与传说

　　七夕节始终和牛郎织女的传说相连，这是一个很美丽的，千古流传的爱情故事，成为我国四大民间爱情传说之一。

　　相传在很早以前，南阳城西牛家庄里有个聪明，忠厚的小伙子牛郎，父母早亡，只好跟着哥哥嫂子度日，嫂子马氏为人狠毒，经常虐待他，逼他干很多的活，一年秋天，嫂子逼他去放牛，给他九头牛，却让他等有了十头牛时才能回家，牛郎无奈只好赶着牛出了村。

牛郎独自一人赶着牛进了山，在草深林密的山上，他坐在树下伤心，不知道何时才能赶着十头牛回家，这时，有位须发皆白的老人出现在他的面前，问他为何伤心，当得知他的遭遇后，笑着对他说："别难过，在伏牛山里有一头病倒的老牛，你去好好喂养它，等老牛病好以后，你就可以赶着它回家了。

牛郎翻山越岭，走了很远的路，终于找到了那头有病的老牛，他看到老牛病得厉害，就去给老牛打来一捆捆草，一连喂了三天，老牛吃饱了，才抬起头告诉他：自己本是天上的灰牛大仙，因触犯了天规被贬下地来，摔坏了腿，无法动弹。自己的伤需要用百花的露水洗一个月才能好，牛郎不畏辛苦，细心地照料了老牛一个月，白天为老牛采花接露水治伤，晚上依偎在老牛身边睡觉，到老牛病好后，牛郎高高兴兴赶着十头牛回了家。

回家后，嫂子对他仍旧不好，曾几次要加害他，都被老牛设法相救，嫂子最后恼羞成怒把牛郎赶出家门，牛郎只要了那头老牛相随。

一天，天上的织女和诸仙女一起下凡游戏，在河里洗澡，牛郎在老牛的帮助下认识了织女，二人互生情意，后来织女便偷偷下凡，来到人间，做了牛郎的妻子。织女还把从天上带来的天蚕分给大家，并教大家养蚕、抽丝，织出又光又亮的绸缎。

牛郎和织女结婚后，男耕女织，情深意重，他们生了一男一女两个孩子，一家人生活得很幸福。但是好景不长，这事很快便让天帝知道，王母娘娘亲自下凡来，强行把织女带回天上，恩爱夫妻被拆散。

牛郎上天无路，还是老牛告诉牛郎，在它死后，可以用它的皮做成鞋，穿着就可以上天。牛郎按照老牛的话做了，穿上牛皮做的鞋，拉着自己的儿女，一起腾云驾雾上天去追织女，眼见就要追上了，岂知王母娘娘拔下头上的金簪一挥，一道波涛汹涌的天河就出现了，牛郎和织女被隔在两岸，只能相对哭泣流泪。他们的忠贞爱情感动了喜鹊，千万只喜鹊飞来，搭成鹊桥，让牛郎织女走上鹊桥相会，王母娘娘对此也无奈，只好允许两人在每年七月七日于鹊桥相会。

后来，每到农历七月初七，相传牛郎织女鹊桥相会的日子，姑娘们就会来到花前月下，抬头仰望星空，寻找银河两边的牛郎星和织女星，希望能看到他们一年一度的相会，乞求上天能让自己能象织女那样心灵手巧，祈祷自己能有如意称心的美满婚姻，由此形成了七夕节。

其实这个节日起源于汉代，东晋葛洪的《西京杂记》有"汉彩女常以七月七日穿七孔针于开襟楼，人俱习之"的记载，这便是我们于古代文献中所见到的最早的关于乞巧的记载。后来的唐宋诗词中，妇女乞巧也被屡屡提及，唐朝王建有诗说"阑珊星斗缀珠光，七夕宫娥乞巧忙"。据《开元天宝遗事》载：唐太宗与妃子每逢七夕在清宫夜宴，宫女们各自乞巧，这一习俗在民间也经久不衰，代代延续。

宋元之际，七夕乞巧相当隆重，京城中还设有专卖乞巧物品的市场，世人称为乞巧市。宋罗烨、金盈之辑《醉翁谈录》说："七夕，潘楼前买卖乞巧物。自七月一日，车马嗔咽，至七夕前三日，车马不通行，相次壅遏，不复得出，至夜方散。"在这里，从乞巧市购买乞巧物的盛况，就可以推知当时七夕乞巧节的热闹景象。人们从七月初一就开始办置乞巧物品，乞巧市上车水马龙、人流如潮，到了临近七夕的时日、乞巧市上简直成了人的海洋，车马难行，观其风情，似乎不亚于最盛大的节日——春节，说明乞巧节是古人最为喜欢的节日之一。

花轿的由来

宋徽宗时候，金兵入侵，南宋小康王在南逃途中，与家人失散，来到沿海的一个沙滩上，前面就是大海，后面又有追兵，一时走投无路。这时正好有一位渔姑坐在鱼桶上织鱼网。康王一见渔姑，如得天上救星，急忙向渔姑奔去，说明来由，请求搭救。在这一望无际的沙滩上，一无穴，二无洞，如何救得。

紧急间，渔姑突然想到自己屁股下的鱼桶。她急中生智，忙叫康王钻到鱼桶里，盖上鱼网，自己再坐上若无其事地继续织着她的鱼网。

一会儿，金兵追到，问渔姑："小姑娘，看到康王吗?"渔姑假装听不懂，答："这里没有'筐'，只有'桶'。"她一边说，一边指着屁股下的鱼桶。金兵嚷道："我问的是一个穿官服，戴官帽的书生。"渔姑嗤地一笑："书生不叫，叫什么筐呀篓的。刚才是有一位书生向海湾那边跑去。"金兵信以为真，追了过去。

金兵去后，渔姑搬下鱼网，把康王放出来，对康王说："金兵若追不到人，会再返回来，还是到我家躲一躲吧。"康王这时又惊又饿，求之不得。

渔姑家里穷，没什么东西好招待，她母亲煮了一碗掺虾皮的大麦饭给康王吃。康王饥不择食，吃得津津有味，边吃边道："本王在皇宫吃尽了山珍海味，从来没有吃过这么可口饭菜。"康王在渔姑家躲了几天，对渔姑由感激而生爱慕之情，对渔姑说："多蒙姑娘相救，铭感五内，没齿难忘。待本王回到皇宫，定派人迎接姑娘进宫，享受荣华富贵，在门前悬挂鱼网为号。"

后来康王做了皇帝，却把此事抛到九霄云外了。直到有一天，康王胃口不好，食欲不振，什么山珍海味都吃不下，忽然想起了在渔姑家里吃的饭菜，即命御厨做来，御厨找遍菜谱，都做不出。康王就命大臣携半副銮驾，带上凤冠霞帔到沿海渔村去迎娶渔姑进宫。谁知来到渔家家门上都挂着鱼网，无法辨认真假。原来渔姑不愿进宫，说出秘密，请求乡亲帮助，家家挂起鱼网，大臣找不到救驾的渔姑，即派快马回宫禀报，康王知道事有蹊跷，于是下旨，半副銮驾及凤冠霞帔不必带回，就赐给渔村姑娘出嫁时使用，以报答救命之恩。从此沿海"半副銮驾嫁新娘"的婚俗就流传下来了。

窗花的来历

我国民间有春节贴窗花的习俗，此俗始于远古，是由一个古代传说演变而成的。

相传，尧在位7年，有一种属于凤凰一类的吉祥而后世罕见之鸟叫鸾鹁鸟，年年飞到都邑栖息生活。由于鸾鹁的到来，吓得麒麟跑到大泽的草丛里，不敢出来；鸱枭逃到了荒无人烟的森林中，瑟瑟发抖。从此，人民过上了安居乐业的太平日子。后来，不知为什么，鸾鹁不再飞来了，为害黎民百姓的凶禽猛兽重又出现在都邑，到处横行无忌了。人民感到很失望。当时有个折支国，听了尧民十分崇敬鸾鹁鸟，鸾鹁鸟又不知飞往哪里去了，就主动献来一种"重明"鸾鸟。因为这种鸟每一只眼内都有两个瞳孔，所以又叫"重睛"。"重明"的形体很像公鸡，鸣叫的声音又十分像凤凰，人们都认为它是一种吉祥的神鸟。刚献来的时候，羽毛已经全部脱掉，但它用肉翮照样飞翔。"重明"十分凶猛，能够追赶猛虎，并勇敢地进行搏斗，老虎也常常成为"重明"的美味佳肴。自从有了"重明"，凶禽猛兽和妖魔鬼怪都不敢危害百姓了。因而百姓十分崇敬"重明"，对它爱护有加，每天都用美玉磨成细粉，做成流质饲料喂它。"重明"有时一年几次飞临，有时几年也不飞来。为吸引"重明"能经常飞来为民除害辟邪，广大的黎民百姓都把门户打扫得干干净净，为它准备停落栖息的场所。

　　但是，月月等，年年盼，"重明"一次也不飞来了，老百姓
为此十分忧虑，怕那些凶禽猛兽邪魔外祟重新为害，各家各户都
在动脑筋想办法，有的铸金鸟，有的刻木鸡，都放到窗户上。说
来也真灵验，凶禽猛兽和妖魔鬼怪见了这些木鸡金鸟，以为是
"重明"又飞回来了，因而都吓得魂飞魄散，飞快地逃往远方，
躲藏起来了。于是，黎民百姓都在妖魔鬼怪集中出来作恶的新年
期间，在窗户上普遍悬挂着栩栩如生的金鸟木鸡。时间一长，逐
渐演变成一种民间习俗，每年的正月初一，家家户户都或刻或画
金鸟木鸡，贴挂在窗上。至隋唐时代，剪纸雄鸡取代了古代的金
鸟木鸡，贴在窗上，就是后来的窗花了。

满汉全席的起源

　　清入关后，开始时，她们的饮食习惯还保持着传统的民族特
色。随着清王朝的强大和昌盛，满族统治者在饮食上大大考究起
来。在康熙、雍正、乾隆时期，朝局鼎盛。据《大清会典·光禄
寺则例》记载：当时光禄寺举办的各类宴席中，已分为"满席"
和"汉席"，其中满席分为六等，汉席分为三等，每等满席和汉
席所用的原料的数量，饽饽用料定额，干鲜果品定额等，都有明
确的规定。光禄寺办的各种宴席，或是满席，或是汉席，满汉共
宴的情况是没有的。从清代史籍和目前出版的有关回忆清宫帝王
的生活资料中叶没有满汉共筵的记载。可以想见，在民族等级森
严的清宫中，清朝统治者是不允许以任何形式把其他民族与满族

并列一起的。

乾隆甲申年间（公元1746年），江苏省义征县有位叫李斗的人，著了一本《扬州画舫录》，其中记有一份满汉全席食单——这可以说是关于满汉全席最早的记载。这部书是李斗身居扬州期间，根据自己"目之所见，耳之所闻"写成的。扬州当时是一座繁华的城市，又是乾隆皇帝多次游览的地方，因此，满汉全席在当时的扬州出现是不足为奇的。另一部记载满汉全席的书，是乾隆朝诗人袁枚所著的《随园食单》。其中说道：今官场之菜……又有满汉全席之称……用于新亲上门，上司入境。由此可见，满汉全席最初的形成大约在乾隆时期，最初是始于官府之中。

清朝中叶，豪华的宴会在官府中风靡一时，满，汉官员之间经常互相宴请。满官宴请汉官用汉菜，汉官宴请满官用满菜。这种作法曾引起一些非议，诸如"忘其本分"，"格外讨好"等（见袁枚《随园食单》）。因此，后来就将满汉全席有选择的汇聚于一席，以示不分彼此。一些外出上任的官员，多带有技艺高超的厨师，于是又将这种形式传到外埠，并在流传中不断吸取各地民间筵宴和饮食中的精华，以致又有"小满汉席"，新满汉席等之分，其中还有藏，蒙，回等民族的菜肴。这种格式的宴席，与当时清朝统治者的绥靖政策有关。

伯牙绝弦

学习了三年，伯牙琴艺大长，成了当地有名气的琴师。但是伯牙常常感到苦恼，因为在艺术上还达不到更高的境界。伯牙的老师成连知道了他的心思后，便对他说，我已经把自己的全部技艺都教给了你，而且你学习得很好。至于音乐的感受、悟性方面，我自己也没学好。我的老师万子春是一代宗师，他琴艺高超，对音乐有独特的感受力。他现住在东海的一个岛上，我带你去拜见他，跟他继续深造，你看好吗？俞伯牙闻听大喜，连声说好！

他们准备了充足的食品，乘船往东海进发。一天，船行至东海的蓬莱山，成连对伯牙说："你先在蓬莱山稍候，我去接老师，马上就回来。"说完，成连划船离开了。过了许多天，成连没回来，伯牙很伤心。他抬头望大海，大海波涛汹涌，回首望岛内，山林一片寂静，只有鸟儿在啼鸣，像在唱忧伤的歌。伯牙不禁触景生情，有感而发，仰天长叹，即兴弹了一首曲子。曲中充满了忧伤之情。从这时起，俞伯牙的琴艺大长。其实，成连老师是让俞伯牙独自在大自然中寻求一种感受。

俞伯牙身处孤岛，整日与海为伴，与树林飞鸟为伍，感情很自然地发生了变化，陶冶了心灵，真正体会到了艺术的本质，才能创作出真正的传世之作。后来，俞伯牙成了一代杰出的琴师，但真心能听懂他的曲子的人却很少。

有一次，伯牙乘船沿江旅游。船行到一座高山旁时，突然下起了大雨，船停在山边避雨。伯牙耳听淅沥的雨声，眼望雨打江面的生动景象，琴兴大发。伯牙正弹到兴头上，突然感到琴弦上有异样的颤抖，这是琴师的心灵感应，说明附近有人在听琴。伯牙走出船外，果然看见岸上树林边坐着一个叫钟子期的打柴人。

　　伯牙把子期请到船上，两人互通了姓名，伯牙说："我为你弹一首曲子听好吗？"子期立即表示洗耳恭听。伯牙即兴弹了一曲《高山》，子期赞叹道："多么巍峨的高山啊！"伯牙又弹了一曲《流水》子期称赞道："多么浩荡的江水啊！"伯牙又佩服又激动，对子期说："这个世界上只有你才懂得我的心声，你真是我的知音啊！"于是两个人结拜为生死之交。

　　伯牙与子期约定，待周游完毕要前往他家去拜访他。一日，伯牙如约前来子期家拜访他，但是子期已经不幸因病去世了。伯牙闻听悲痛欲绝，奔到子期墓前为他弹奏了一首充满怀念和悲伤的曲子，然后站立起来，将自己珍贵的琴砸碎于子期的墓前。从此，伯牙与琴绝缘，再也没有弹过琴。

第二章　智慧趣闻（上）

越王灭吴

越王勾践整顿内政，努力生产，使国力渐渐强盛起来，他就和范蠡、文种两个大臣经常商议怎样讨伐吴国的事。

这时候，吴王夫差因为当上了霸主，骄傲起来，一味贪图享乐。文种劝说勾践向吴王进贡美女。越王勾践派人专门物色最美的女子。结果在苎罗山（在今浙江诸暨南）上找到一个美人，名叫西施。勾践就派范蠡把西施献给夫差。

夫差一见西施，果然容貌出众，把她当作下凡的仙女，宠爱得不得了。有一回，越国派文种去跟吴王说：越国年成不好，闹了饥荒，向吴国借一万石粮，过了年归还。夫差看在西施的面上，当然答应了。转过年来，越国年成丰收。文种把一万石粮亲自送还吴国。

夫差见越国十分守信用，更加高兴。他把越国的粮食拿来一看，粒粒饱满，就对伯嚭说："越国的粮食颗粒比我们大，就把这一万石卖给老百姓做种子吧。"伯嚭把这些粮食分给农民，命令大家去种。到了春天，种子下去了，等了十几天，还没有抽芽。大家想，好种子也许出得慢一点，就耐心地等着。没想到，过不了几天，那撒下去的种子全烂了，他们想再撒自己的种子，已经误了下种的时候。

这一年，吴国闹了大饥荒，吴国的百姓全恨夫差。他们哪里想到，这是文种的计策。那还给吴国的一万石粮，原来是经过蒸熟了又晒干的粮食，怎么还能抽芽呢？

勾践听到吴国闹饥荒，就想趁机会发兵。文种说："还早着呢。一来，吴国刚闹荒，国内并不空虚；二来，还有个伍子胥在，不好办。"勾践听了，觉得文种的话有道理，就继续操练兵马，扩大军队。

公元前484年，吴王夫差要去打齐国。伍子胥急忙去见夫差，说："我听说勾践卧薪尝胆，跟百姓同甘共苦，看样子一定要想报吴国的仇。不除掉他，总是个后患。希望大王先去灭了越国。"

吴王夫差哪里肯听伍子胥的话，照样带兵攻打齐国，结果打了胜仗回来。文武百官全都道贺，只有伍子胥反倒批评说："打败齐国，只是占点小便宜；越国来灭吴国，才是大祸患。"

这样一来，夫差越来越讨厌伍子胥，再加上伯嚭在背后尽说伍子胥坏话。夫差给伍子胥送去一口宝剑，逼他自杀。伍子胥临死的时候，气愤地对使者说："把我的眼珠挖去，放在吴国东门，让我看看勾践是怎样打进来的。"

夫差杀了伍子胥，任命伯嚭做了太宰。

元前482年，吴王夫差约会鲁哀公、晋定公等在黄池（今河南封丘县西南）会盟，把精兵都带走了，只留了一些老弱残兵。

等夫差从黄池得意洋洋地回来，越王勾践已经率领大军攻进了吴国国都姑苏。吴国士兵远道回来，已经够累了，加上越军都是经过多年训练的，士气旺盛。两下一交手，吴军被打得大败。

夫差没奈何，只好派伯嚭去向勾践求和。勾践和范蠡一商量，决定暂时答应讲和，退兵回去。

公元前475年，越王勾践作好了充分准备，大规模地进攻吴国，吴国接连打了败仗。越军把吴都包围了两年，夫差被逼得走投无路，说："我没有面目见伍子胥了。"说着，就用衣服遮住自己的脸，自杀了。

越王勾践灭了吴国，坐在夫差原来坐的朝堂里。范蠡、文种和别的官员都来朝见他。吴国的太宰伯嚭也站在那里等着受封，他认为自己帮了勾践不少忙呢。勾践对伯嚭说："你是吴国的大臣，我不敢收你做臣子，你还是去陪伴你的国君吧。"伯嚭垂头丧气地退了出去。勾践派人追上去，把他杀了。

勾践灭了吴国，又带着大军渡过淮河，在徐州约会中原诸侯。周天子也派使臣送祭肉给勾践。打这以后，越国的兵马横行在江淮一带，诸侯都承认他是霸主。

勾践得胜回国，开了个庆功大会，大赏功臣，可就少了个范蠡。传说他带着西施，隐姓埋名跑到别国去了。

范蠡走前，留给文种一封信，说，"飞鸟打光了，好的弓箭该收藏起来；兔子打完了，就轮到把猎狗烧来吃了。越王这个人，可以跟他共患难，不可以共安乐，您还是赶快走吧。"

文种不信。有一天，勾践派人给他送来一口剑。文种一看，正是当年夫差叫伍子胥自杀的那口宝剑。文种后悔没听范蠡的话，只好自杀了。

张仪的连环计

战国时，楚怀王为"从约长"，联合齐国等共同抵御秦国。秦惠文王十分担心，秦相国张仪献计说："我愿出使楚国，去说服楚怀王，以离间他与齐国等诸侯国的关系，让他们的"合纵计"瓦解。"秦王同意了他的建议，张仪于是辞去相国位，前往楚国。他得知楚王有个宠臣叫靳（音：斤）尚，在王左右，言无不听，就用重金贿赂了靳尚，靳尚在楚王面前极力推崇了张仪，楚王也知道张仪很有才干，便召见了张。张仪说："当今天下，只有秦、齐、楚三国最为强势，如果秦跟齐国结盟，则齐强楚弱；如果秦跟楚国结盟，则楚强齐弱。然而，秦王只愿意同楚国联盟，我这次特意为二国通好而来，秦王答应把以前商鞅夺取楚国之商於六百里地归还给楚国。"，楚怀王听后大喜，不顾客卿陈轸的劝谏，决定与齐国断交，而同秦国结好，并派亲信逢侯丑同张仪去秦国受地。

二人快到秦国都城时，张仪假借酒醉，故意从马车上摔下，以腿伤为由，在家闭门养伤，让逢侯丑一个人留在馆舍，逢侯丑见秦王不到，见张仪也不得，由此三个月过去，还地之事毫无下落。逢将情况写信报告给楚王，楚王以为是还没跟齐国完全断交的原因，于是，派人去齐境辱骂齐闵王，闵王一怒之下，干脆入秦结好，共同攻打楚国。张仪见齐国的使者来到，知道离间楚、齐的计谋完成，便出来召见逢侯丑，逢又问起受地的事，张仪故作惊诧地说："怎么？没有这回事嘛，我只答应把我的六里封地给楚国的，商於六百里地，是经过千征百战得来的，秦王是不会轻意还给楚国的。"逢侯丑这才明白中了张仪的"连环计"不仅没有得到商於之地，反而无辜与齐国结怨。

毕再遇连环计

宋代将领毕再遇就曾经运用连环计，打过漂亮的仗。他分析金人强悍，骑兵尤其勇猛，如果对面交战往往造成重大伤亡。所以他用兵主张抓住敌人的重大弱点，设法钳制敌人，寻找良好的战机。

一次又与金兵遭遇，他命令部队不得与敌正面交锋，可采取游击流动战术。敌人前进，他就令队伍后撤，等敌人刚刚安顿下来，他又下令出击，等金兵全力反击时，他又率队伍跑得无影无踪。就这样，退退进进，打打停停，把金兵搞得疲惫不堪。金兵想打又打不着，想摆又摆不脱。

到夜晚，金军人困马乏，正准备回营休息。毕再遇准备了许多用香料煮好的黑豆，偷偷地撒在阵地上。然后，又突然袭击金军。金军无奈，只得尽力反击。那毕再遇的部队与金军战不几时，又全部败退。金军气愤至极，乘胜追赶。谁知，金军战马一天来，东跑西追，又饿又渴，闻到地上有香喷喷味道，用嘴一探，知道是可以填饱肚子的粮食。战马一口口只顾抢着吃，任你用鞭抽打，也不肯前进一步，金军调不动战马，在黑夜中，一时没了主意，显得十分混乱。毕再遇这时调集全部队伍，从四面包围过来，杀得金军人仰马翻，横尸遍野。

班超智和鄯善国

东汉初年，汉明帝派大将军窦固率军西进攻打匈奴，班超也随军前往。为联络西域诸国共同对付匈奴，窦固派班超为使者到西域去。

班超一行36人历尽千辛万苦，首先来到西域的鄯善国。开始时鄯善王对他们很友好，可过了不久就变得冷淡了。原来，与汉朝为敌的匈奴也派使者来到鄯善，不断向鄯善王施加压力。

班超立即召集大家商议对策。他说："我们来到西域，无非是想立功报国，现在鄯善王因匈奴使者的到来而变得优柔寡断。我们该怎么办呢？"大家都说："如今到了紧要关头，我们听从您的决定。"班超语气变得坚定起来："不入虎穴，焉得虎子？今晚我们趁黑夜发动火攻，消灭匈奴使者，这样鄯善王必定会同意与汉友好。"

夜幕低垂，班超率领 36 位勇士直奔匈奴使者的宿营地。班超让 10 个人擂鼓呐喊，制造人多的声势，其余的人放火烧帐，冲杀进去。一时间，匈奴使者的营帐大火熊熊，鼓声和喊杀声响成一片。匈奴人从梦中惊醒，到处逃窜，大都做了班超等人的刀下之鬼。

战斗结束后，班超把鄯善王请来，叫他看匈奴使者的首级。鄯善王吓得面如土色。班超乘机说服他与汉朝建立友善关系，鄯善王连连点头称是。为表诚意，鄯善王还把自己的儿子送到洛阳去做人质。

鄯善王舍汉朝而欲结交匈奴，主要有匈奴使臣相迫。如果班超强令鄯善王臣服汉朝，即使鄯善王表面答应，内心也不会真服。班超采取以迂为直的办法，转而攻击自己的对手匈奴使臣，及时扭转了不利的局面，挽救了濒临危机的汉鄯友好关系。

孔明一纸救江东

曹操得知周瑜病逝的消息后，就准备再次兴兵进犯江东。但是，他又担心西凉州的镇东将军马腾，会乘机袭取空虚的许都。为此，曹操特派使者西去凉州，以朝廷的名义给马腾加以征南将军的头衔，命令他随军讨伐孙权。于是，马腾带领次子马休、马铁及 5000 西凉兵卒应召来到许昌城下。不久，西凉兵被曹操消灭，马腾父子三人也惨遭杀害。此后，曹操自认为解除了后顾之忧，即时起兵30万，直扑江东。江东闻报之后，立即让鲁肃派使者西上荆州，向刘备求援。诸葛亮看罢江东的求救信，胸有成竹地对刘备说："既不用动江南之兵，也不用动荆州之兵，我自有妙计使曹操不敢进兵东南。"他让使者带回江东的信中说："如果曹军南犯，刘皇叔自有退兵之策。"诸葛亮告诉刘备说："曹操平生最担心的就是西凉之兵。现在曹操杀了马腾，马腾长子马超仍然统领着西凉之众，曹操的杀父之仇定使马超刻骨切齿。主公只要修书一封，派人结援马超，让马超兴兵入关。这样一来，曹操岂能兵犯江东？"刘备闻言大喜，立即修书，派使者投送西凉的马超。

马超听说父亲和两个弟弟遇害的消息后，放声大哭，悲怆倒地。他咬牙切齿，痛骂曹贼。正在此时，刘备的使者持书赶到。马超拆书一看：刘备在信中除了大骂曹操之外，还回忆了昔日与马腾同受汉帝密诏、誓诛曹贼的往事和旧情。指出，现在曹操与马超又结下不共天地、不同日月之深仇。他建议马超率西凉之兵以攻曹之右，他统荆、襄之众以遏曹之前。认为此举不但曹操可擒、奸党可灭、大仇可报，而且汉室可以复兴。马超看罢，立即挥泪复信，打发使者先回，随后便点起西凉兵马。正准备进发时，西凉太守韩遂使人请马超相见。原来韩遂与马腾是结义兄弟，韩遂与马超以叔侄相称。韩遂告诉马超：曹操派人送来书信，以封西凉侯为诱饵，让韩遂擒拿马超。韩遂还向马超表示：既为叔侄，不忍加害，愿意与马超一起联军进击曹操，以报仇雪恨。韩遂杀掉曹操的使者，又征调手下 8 部兵马，合自己与马超共计 10 部，20 万大军，浩浩荡荡杀奔长安。曹操得到关中警报以后，遂放弃南下攻击孙权的计划，专力对付关中的马超、韩遂之军。诸葛亮一封书信就轻而易举地制止了曹军的南下，救了孙权的大驾。

黄兴运枪

1911 年 4 月，孙中山领导的"黄花冈起义"前，黄兴押运一条装有武器弹药的商船到了广州码头，清政府盘查得很严。几个稽查员上船打开了几个箱子，里面是香蕉、衣物，如果再往下查，就是武器弹药了！黄兴不由急中生智：他让两名船员扛起二个箱子就往岸上跑，稽查以为是违禁物品，赶忙追上去，打开箱子一看，却只是两箱满满的外国好酒。黄兴赶上，故意骂船员是"不要命的酒鬼"，又殷勤地把两箱好酒敬献给稽查。事后，去酒馆请稽查饱餐了一顿。这顿饭吃了有几个小时，等稽查醉醺醺地返回时，船上的武器弹药早已搬走。黄兴以"虚"化"实"的计谋，巧妙地运用了"围魏救赵"之声东击西的计策，从而化险为夷。

围魏救赵

事件《史记·孙子吴起列传》，是讲战国时期齐国与魏国的桂陵之战。公元前354年，魏惠王欲释失中山的旧恨，便派大将庞涓前去攻打。这中山原本是东周时期魏国北邻的小国被魏国收服，后来赵国乘魏国国丧伺机将中山强占了，魏将庞涓认为中山不过弹丸之地，距离赵国又很近，不若直打赵国都城邯郸，既解旧恨又一举双得。魏王从之，欣欣然似霸业从此开始，即拨五百战车以庞涓为将，直奔赵国围了赵国都城邯郸。赵王急难中只好求救于齐国，并许诺解围后以中山相赠。齐威王应允，令田忌为将，并起用从魏国救得的孙膑为军师领兵出发。这孙膑曾与庞涓同学，对用兵之法谙熟精通。魏王用重金将他聘得，当时庞涓也正事奉魏国。庞涓自觉能力不及孙膑，恐其贤于己，遂以毒刑将孙膑致残，断孙两足并在他脸上刺字，企图使孙不能行走，又羞于见人。后来孙膑装疯，幸得齐使者救助，逃到齐国。这是一段关于庞涓与孙膑的旧事。

且说田忌与孙膑率兵进入魏赵交界之地时，田忌想直逼赵国邯郸，孙膑制止说："解乱丝结绳，不可以握拳去打，排解争斗，不能参与搏击，平息纠纷要抓住要害，乘虚取势，双方因受到制约才能自然分开。现在魏国精兵倾国而出，若我直攻魏国。那庞涓必回师解救，这样一来邯郸之围定会自解。我们再于中途伏击庞涓归路，其军必败。"田忌依计而行。果然，魏军离开邯郸，归路中又陷伏击与齐战于桂陵，魏部卒长途疲惫，溃不成军，庞涓勉强收拾残部，退回大梁，齐师大胜，赵国之围遂解。这便是历史上有名的"围魏救赵"的故事。又后十三年，齐魏之军再度相交于战场，庞涓复又陷于孙膑的伏击自知智穷兵败遂自刎。孙膑以此名显天下，世传其兵法。这个典故是指采用包抄敌人的后方来迫使它撤兵的战术。

韩信木罂渡黄河

韩信的"木罂渡河"一役也可以称为战争史上的经典之作。不仅渡河的方式奇特，不是用船，而是用"木罂"。其战略步骤更为奇特，先是"声东击西"，然后击西之后还要击东，让敌人完全处于被动挨打的状态。

汉王三年（公元前204年）九月，项羽亲率大军东征彭越，刘邦趁机派郦食其前往齐国劝降。与此同时，韩信也按照刘邦之命率兵东进，准备攻打齐国。当韩信到达平原（今山东平原南）时，齐王田广听从郦食其的劝说，背楚降汉，于是韩信就想停止前进。时值齐国说客蒯通来投，对韩信说："将军奉汉王之命去攻齐，今汉王又暗中派人去劝降，既无汉王命令，将军怎能按兵不动呢？再说郦食其仅凭三寸不烂之舌就说降了齐国70多座城池，而将军数万人马征战一年，才攻下赵国50多座城池。你一个堂堂大将军，尚不及一白面书生吗?"一席话终于使韩信下了最后的决心，于是下令大军渡河，继续向齐地进发。

齐王田广听从郦食其劝降之后，对韩信的行动毫无戒备，天天同郦食其饮酒作乐。汉四年十月，韩信率大军突袭齐国在历下（今山东济南西）的守军，直逼齐国都城临淄（今山东淄博）。齐王以为受了骗，一怒之下将郦食其烹死在油锅里。之后，勿忙领兵逃到高密（今山东高密西南），同时派人向项羽求援。项羽立即派大将尤且率军 20 万，与齐王会合，齐、楚联军准备迎战韩信。

尤且手下谋士献计说："汉军长途奔袭，远斗穷战，锐不可挡；齐军在本土作战，牵挂家室，容易溃散。因此，最好的办法是令军士挖沟筑垒，让那些已丢失了城邑的人知道齐王还在，楚王发了救兵，这样他们就会纷纷起兵反攻韩信。汉军处处受敌，断绝给养，定会不战自退。"尤且不以为然，他有自己的算盘。此番率军前来，名为救齐，实则是想趁机夺占齐地。他对其心腹说："我军此番前来是为了救齐，如汉军不战而降，我还有什么功劳呢? 现在我战而胜之，齐国大半疆土岂不唾手可得?"但是，尤且做梦也没有想到，韩信正连夜为这位骄傲的将军准备墓地。几天以后，两军在潍河两岸摆开阵势，尤且在河东，韩信在河西，准备交战。

韩信仔细观察战场地形，决定再用水战破敌。他连夜秘密派人装满 1 万多个沙袋，将潍水上游堵起来，这样下游河水变浅了。次日上午，韩信率军过河进攻尤且。尤且见状，毫不示弱。亲率大军迎敌。双方未战几合，韩信佯败退兵。尤且不知是计，以为汉军无能，得意地说："我早知道韩信胆小。"于是，传令全军渡河追赶，想一举消灭韩信。当齐、楚联军刚刚冲到河心，韩信暗令埋伏在上游的汉军扒开沙袋，飞奔而下的大水将正在渡河的齐、楚联军截为两段，被大水卷走的士兵不计其数。韩信回兵掩杀过去，一举全歼了已过河的齐、楚联军，齐王逃跑，尤且战死，留在东岸尚未渡河的齐、楚联军见主帅已死，纷纷弃甲曳兵，落荒而逃。就这样，汉军一举占领了齐国全境。

韩信平定齐国，楚汉之间已势均力敌，谁胜谁负，韩信起着举足轻重的作用。刘邦为争取韩信，采纳张良、陈平的建议，封韩信为齐王。项羽也派说客武涉往见韩信，劝韩信绝汉和楚，三分天下，为一方之主。韩信义正辞严地说："臣侍项王，官不过郎中，位不过执戟（执戟侍卫），言不听，画（谋划）不用，故背楚而归汉。汉王授我上将军印，予我数万众，解衣衣我，推食食我，言听计用，故吾得以至于此。夫人深亲信我，我背之不祥，虽死不易。"使者回禀项羽，项羽叹口气道："想不到韩信这个胯下小儿，居然如此忠信，悔当初未能重用他！"

韩信连克魏、代、赵、燕、齐五国，占领了长城以南、黄河以北和山东的大部分地区，取得了北面战场的全部胜利，完成了对成皋楚军的战略包围，有力地支持了刘邦在正面战场上的作战，为刘汉政权的最后胜利奠定了坚实的基础。在对魏、赵、齐的作战中，韩信因宜用兵，根据不同的情况，分别采取了声东击西、背水列阵和断水塞流的战法，显示了这位历史名将善于先计后战和出奇制胜的作战特点。

诸葛亮智胜司马懿

蜀汉建兴七年，诸葛亮再次北伐，兵至祁山，扎下三个大寨，专候魏军。司马懿（字仲达）得知，率张郃、戴陵并十万军前往祁山迎敌。司马懿来到，先搞调查研究，问前线部将郭淮与孙礼："前线情况如何"。郭、孙二人答说："尚未与蜀军交锋"。司马懿又问其它各路情况。郭淮说只有武都、阴平尚未得到消息。司马懿经过思考，指示郭淮和孙礼："明日我亲自领兵与孔明交战，你二人可急从小路前往增援武都和阴平，并从背后偷袭蜀军，我军可胜。"

郭淮于路谓孙礼曰："仲达比孔明如何？"礼曰："孔明胜仲达多矣。"淮曰："孔明虽胜，此一计足显仲达有过人之智。蜀兵如正攻两郡，我等从后抄到，彼岂不自乱乎？"正言间，忽哨马来报："阴平已被王平打破了。武都已被姜维打破了。前离蜀兵不远。"礼曰："蜀兵既已打破了城池，如何陈兵于外？必有诈也。不如速退。"郭淮从之。方传令教军退时，忽然一声炮响，山背后闪出一支军马来，旗上大书："汉丞相诸葛亮"，中央一辆四轮车，孔明端坐于上；左有关兴，右有张苞。孙、郭二人见之，大惊。孔明大笑曰："郭淮、孙礼休走！司马懿之计，安能瞒得过吾？他每日令人在前交战，却教汝等袭吾军后。武都、阴平吾已取了。汝二人不早来降，欲驱兵与吾决战耶？"郭淮、孙礼听毕，大慌。忽然背后喊杀连天，王平、姜维引兵从后杀来。兴、苞二将又引军从前面杀来。两下夹攻，魏兵大败。郭、孙二人弃马爬山而走。蜀军大胜。

司马懿本想给诸葛亮来个声东击西，打乱蜀军的大营，不料此计被孔明识破，反给司马懿来个声东击西。

正所谓，强中自有强中手，能人背后有能人。

陈平一画巧解白登之围

公元前200年，汉高祖刘邦率领大军与匈奴交战。刘邦求胜心切，带领小股骑兵追击匈奴人，不料中了敌人的埋伏，被困在白登山。这时，汉军的后续部队已被匈奴人阻挡在各要路口，无法前去解围，形势万分危急。

到了第四天，被困汉军的粮草越来越少，刘邦君臣急得就像热锅上的蚂蚁，坐立不安。谋士陈平灵机一动，从匈奴单于的夫人阏氏身上想出了一条计策。

在得到刘邦允许之后，陈平派一名使者带着一批珍宝和一幅画秘密会见了阏氏。使者对阏氏说："这些珍宝是大汉皇帝送给您的。大汉皇帝欲与匈奴和好，特送上这些珍宝，请您务必收下，望您在单于面前美言几句。"使者又献上一幅美女图，说道："大汉皇帝怕单于不答应讲和的要求，准备把中原的头号美人献给他。这是她的画像，请您先过目。"

阏氏接过来一看，真是一个貌似天仙的美女：眉似初春柳叶，脸如三月桃花；玉纤纤葱枝手，一捻捻杨柳腰；满头珠翠，引得蜂狂蝶浪；双目含情，令人魂飞魄舞。阏氏心想：如果丈夫得到了她，还有心思宠爱自己吗？于是，阏氏说："珍宝留下吧，美女就用不着了，我请单于退兵就是了。"

阏氏打发走了汉军使者后，立即去见单于，她说："听说汉朝的援军就要到了，到那时我们就被动了。不如现在接受汉朝皇帝的讲和要求，乘机向他们多索要一些财物。"单于经反复考虑，觉得夫人的话很有道理。

双方的代表经过多次谈判，终于达成了协议。单于得到物质上的满足后，放走了刘邦君臣。陈平因这次谋划有功，后来被刘邦封为曲逆侯。

陈平利用阏氏的争宠心理，虚献美女，从而达到了讲和的目的。陈平的美人计妙就妙在根本没有美女，但同样收到了良好的效果。

杨坚计除宇文赞

公元 581 年，周宣帝因荒淫过度而崩。宣帝 9 岁的儿子宇文衍即位，历史上称为静帝。静帝年幼无知，大司马杨坚趁机总揽了军政大权。但是，杨坚的专权引起了宇文家族的不满。宣帝的弟弟汉王宇文赞早就想当皇帝。宣帝死后他便搬到宫中，上朝听政时故意同杨坚同帐而坐。杨坚对此很恼火，但又不好说什么。

杨坚知道宇文赞是一个酒色之徒，见了美女就挪不动腿，于是派心腹刘防选了几个美女送给宇文赞。宇文赞满心欢喜地接受，根本不知杨坚的用心。宇文赞自得了美女以后，整日欢歌达旦，对政事逐渐失去了兴趣，很少与杨坚同帐而坐了。

杨坚又找人对宇文赞说："大王，您是先帝的弟弟，继承大统乃众望所归。只不过先帝刚死，大家情绪尚未稳定。您暂时回归王府，等时机到了您再回宫即位也不迟。"16岁的宇文赞轻信了这番话，便从宫中搬回王府，从此每日与美女们玩乐，再也不过问政事了。

两个月后，杨坚发动政变，建立了新的朝代——隋朝。

张仪巧用美人计

战国时的辩士张仪，思维敏捷，有三寸不烂之舌。他为了出人头地，跑过很多国家。有一次，他到楚国去碰运气，可是住了很久也没有得到楚王的重用，极为潦倒。张仪想改变这种困窘局面，心生一计。

那时候，楚怀王正宠爱着两个美人：一个是南后，一个是郑袖。张仪那天见到了楚怀王，就说："我到这里已经很久了，大王还不给我一官半职。如果大王真的不想用我的话，请准我离开这里，去晋国跑一趟，可能会碰上好运！""好吧，你只管去吧！"楚怀王巴不得他快离开，便一口答应。张仪说："我还要回来一次，请问大王，需要从晋国带些什么？譬如那边的土特产，您若喜欢我可以顺便捎些回来，献给大王。"楚怀王漫不经心地说："金银珠宝楚国有的是，晋国的东西没什么可稀罕的。""大王就不喜欢那边的美女吗？"这话像电流一样，使楚王情绪一下子高涨起来，眼睛一亮，问："你说什么？""我说的是晋国的美女。"张仪一本正经地解释，"晋国的女人，哪一个不像仙女一样？白白的肌肤，粉红的脸蛋，杨柳细腰，婀娜多姿，真是美极了。"这一番话把楚王的色欲完全勾起来了，高兴地说："你马上给我去办，要多带些这样名贵的'土特产'回来！""不过，大王……"楚王明白张仪是什么意思。"那还用说，货款是需要的。"楚王立即命人给了张仪很多银子，叫他从速去办。

张仪出宫后马上把这消息传开，直传到南后和郑袖的耳里。两人听了，大为恐慌，连忙派人去向张仪疏通，告诉他说："我们听说先生奉楚王之命，到晋国去办土特产，特送上盘缠，望先生笑纳！"这样，张仪又捞了一把。

过了几天，张仪向楚王辞行了，装出依依不舍的样子，说："这次去晋国，路途遥远，不知哪一天可以返回，请大王赐酒给我壮胆吧。""行！"楚王亲自赐酒给张仪。张仪饮了几杯，脸红起来，又下跪拜请楚王，说："这里没有外人，敢请大王特别开恩，请王后和贵妃再赐我几杯，给我更大的鼓励和勇气。"

楚王看在张仪要采办"土特产"的份上，把最宠爱的南后和郑袖请了出来，让她们轮流给张仪敬酒。

这时，张仪扑通一声跪在楚王面前，说："请大王把我杀了吧，我欺骗大王了。"楚王见状连忙问："为什么？"张仪说："我走遍天下，实在没见到过像南后、郑袖般的美人。过去我对大王说过要找土特产，那是没有见过贵妃之故，如今见了，方知把大王欺骗了，真是罪该万死！"楚王松了口气，对张仪说："这没什么，你也不必起程了，我明白，天地间就根本没有谁比得上我的爱妃。"南后和郑袖听到楚王这样称赞她们，不由得露出了得意的笑容，同时向张仪投去了赞许的目光。

从此，楚怀王改变了对张仪的态度，张仪在楚国的待遇也逐渐好转起来。

像张仪这样聪明的人实际上早就掌握了楚怀王的嗜好，所以以女色来打动楚王贪婪的心，使其对张仪有所求也，最后又以"实在没有见到过像南后、郑袖般的美人"的话，既满足了楚王的虚荣心、打消了其寻美的念头，又实现了南后、郑袖所要求的结果，没有欺骗，又白得了金钱，这样一个完满的大结局何乐而不为呢？

苦肉计

南宋时，金兵南侵，金兀术与岳飞在朱仙镇摆开决战的战场。金兀术有一义子，名叫陆文龙，这年16岁，英勇过人，是岳家军的劲敌。陆文龙本是宋朝潞安州节度使陆登的儿子，金兀术攻陷潞安州，陆登夫妻双双殉国。金兀术将还是婴儿的陆文龙和奶娘掳至金营，收为义子。陆文龙对自己的家世完全不知。

一日，岳飞正在思考破敌之策，忽见部将王佐进帐。岳飞看见王佐脸色蜡黄，右臂已被斩断（已敷药包扎），大为惊奇，忙问发生了什么事。原来王佐打算只身到金营，策动陆文龙反金。为了让金兀术不猜疑，才采取断臂之计。岳飞十分感激，泪如泉涌。王佐连夜到金营，对金兀术说道："小臣王佐，本是杨么的部下，官封车胜侯。杨么失败我只得归顺岳飞。昨夜帐中议事，小臣进言，金兵二百万，实难抵挡，不如议和。岳飞听了大怒，命人斩断我的右臂，并命我到金营通报，说岳家军即日要来生擒狼主，踏平金营。臣要是不来，他要斩断我的另一只臂。因此，我只得哀求狼主。"

金兀术同情他，叫他"苦人儿"，把他留在营中。王佐利用能在金营自由行动的机会，接近陆文龙的奶娘，说服奶娘，一同向陆文龙讲述了他的身世。文龙知道了自己的身世后，决心为父母报仇，诛杀金贼。王佐指点他不可造次，要伺机行动。

金兵此时运来一批轰天大炮，准备深夜轰击岳家军营，幸亏陆文龙用箭书报了信，使岳军免受损失。当晚，陆文龙、王佐、奶娘投奔宋营。王佐断臂，终于使猛将陆文龙回到宋朝，立下了不少战功。

欲擒故纵

两晋末年，幽州都督王浚企图谋反篡位。晋朝名将石勒闻讯后，打算消灭王浚的部队。王浚势力强大，石勒恐一时难以取胜。他决定采用"欲擒故纵"之计，麻痹王浚，他派门客王子春带了大量珍珠宝物，敬献王浚。并写信向王浚表示拥戴他为天子。信中说，现在社稷衰败，中原无主，只有你威震天下，有资格称帝。王子春又在一旁添油加醋，说得王浚心里喜滋滋的，信以为真。正在这时，王浚有个部下名叫游统的，伺机谋叛王浚。游统想找石勒做靠山，石勒却杀了游统，将游统首级送给王浚。这一着，使王浚对石勒绝对放心了。

公元 314 年，石勒探听到幽州遭受水灾，老百姓没有粮食，王浚不顾百姓生死，苛捐杂税，有增无减，民怨沸腾，军心浮动。石勒亲自率领部队攻打幽州。这年 4 月，石勒的部队到了幽州城，王浚还蒙在鼓里，以为石勒来拥戴他称帝，根本没有准备应战。等到他突然被石勒将士捉拿时，才如梦初醒。王浚中了石勒"欲擒故纵"之计，身首异处，美梦成了泡影。

明修栈道

由于秦朝暴政，秦二世元年（公元前 209 年）七月，陈胜、吴广在大泽乡起义反秦。九月，刘邦在沛县主吏萧何和狱椽曹参等人的拥戴下聚众响应起义，称沛公，不久刘邦投奔项梁。当项羽率领起义军和秦军的主力在巨鹿决战时，刘邦却受楚怀王的派遣，带领起义队伍向关中挺进。汉王元年（前206）十月，刘邦的军队进抵霸上。秦王子婴投降，秦朝灭亡。后来项羽也攻进了咸阳城。听说刘邦已定关中，项羽大怒，他凭借自己的强大势力，自称为西楚霸王，而封刘邦为汉中王。项羽担心一旦刘邦到了汉中，会暗中培养实力，跟自己作对，所以就把他软禁在咸阳城。不过，项羽却中了刘邦的谋士所设下的圈套，答应让刘邦离开咸阳城。

这天，刘邦带着手下启程赶往汉中。一路上，车队马不停蹄不敢稍作停留，因为他们怕项羽一时反悔，派军队追上来。汉中的边境地势险峻，主要的通道是由木头架成的，叫做栈道。这时谋士张良向刘邦献计："主公，我们走过栈道后，就把它烧毁，这样不但可以防范追兵，还可以表明您将永远不离开汉中的决心。"刘邦欣然采纳："好，就这么办吧！"于是下令焚毁栈道。

刘邦不甘心亡秦的胜利果实被项羽独占，到达汉中后，他励精图治，知人善任，注意纳谏，能充分发挥部下的才能，在几位大臣的辅佐下，力量逐渐强大。心想："和项羽决一胜负的时机终于到了。"于是刘邦率军东出，发动了长达4年的楚汉战争。刘邦采取谋士韩信的计策，在出兵前，下令士兵修筑被烧毁的栈道。项羽的密探发现了这一情况，急忙向项羽汇报。

项羽听后哈哈大笑，说："刘邦真是聪明一世，糊涂一时。

当年火烧栈道，现在又要重修，谈何容易！等他修好了，我早已统一天下了。"项羽根本不把刘邦放在眼里，他下令："调集人员、马匹，准备粮草、军械，出兵攻打齐国。"

没想到，刘邦表面上修筑栈道，实际上是为了扰乱项羽的耳目。他暗中却由陈仓出兵，攻打项羽的领地。由于项羽的守军毫无准备，所以被汉军打得措手不及，节节败退。

刘邦乘胜追击，一步步占据项羽的领地。汉王五年（公元前202年），刘邦的大军把项羽军队围困在垓下（今安徽灵璧县东南），项羽兵缺粮少。夜里，项羽忽然听到从围在四面的汉军中传来楚国的歌声，项羽大惊，失声问道："莫非汉军已经全部占据了楚地？"这就样，军心大溃，项羽率800兵将突围而出，最后觉得无颜见江东父老，自刎于乌江边。

四年的楚汉战争结束，从此刘邦取得天下，统一了中国，建立汉朝。

田单败燕

战国中期，著名军事家乐毅率领燕国大军攻打齐国，连下70余城，齐国只剩下褛莒和即墨这两座城了。乐毅乘胜追击，围困莒和即墨。齐国拼死抵抗，燕军久攻不下。这时，有人在燕王面前说："乐毅不是我燕国人，当然不会真心为了燕国，不然，两座城怎么会久攻不下呢？恐怕他是想自己当齐王吧，"燕昭王倒不怀疑。可是燕昭王去世，继位的惠王马上用自己的亲信名叫骑劫的大臣去取代乐毅。乐毅知道与己不利，只得逃回赵国老家。齐国守将是非常有名的军事家田单，他深知骑劫根本不是将才，虽然燕军强大，只要计谋得当，一定可以击败燕军。

田单首先利用两国的士兵都具迷信心理，他要求齐国军民每天饭前要拿食物到门前空地上祭祀祖先。这样，成群的乌鸦、麻雀结伙地赶来争食。城外燕军一看，觉得奇怪：原来听说齐国有神师相助，现在真的连飞鸟每天都定时朝拜。弄得人心惶惶，非常害怕。

田单的第二招，是让骑劫本人上当。田单派人放风，说乐毅过于仁慈，谁也不怕他。如果燕军割下齐军俘虏的鼻子，齐人肯定会吓破胆。骑劫觉得有道理，果然下令割下俘虏的鼻子，挖了城外齐人的坟墓，这样残暴的行为激起了齐国军民的义愤。

田单的第三招，是派人送信，大夸骑劫治军的才能，表示愿意投降。一边还派人装成富户，带着财宝偷偷出城投降燕军。骑劫确信齐国已无作战能力了，只等田单开城投降吧！

田单最绝的一招是：齐军人数太少，即使进攻，也难取胜。于是他把城中的一千多头牛集中起来，在牛角上绑上尖刀，牛身上披上画有五颜六色、稀奇古怪图案的红色衣服，牛尾巴上绑一大把浸了油的麻苇。另外，选了五千名精壮士兵，穿上五色花衣，脸上绘上五颜六色，手持兵器，命他们跟在牛的后面。

这天夜晚，田单命令把牛从新挖的城塘洞中放出，点燃麻苇，牛又惊又燥，直冲燕国军营。燕军根本没有防备，再说，这火牛阵势，谁也没有见过，一个个吓得魂飞天外，哪里能够还手？齐军五千勇士接着冲杀进来，燕军死伤无数。骑劫也在乱军中被杀，燕军一败涂地。齐军乘胜追击，收复七十余城，使齐国转危为安。田单可以算是善于运用各种因素壮大自己声势的典范。

树上开花

张飞早已是家喻户晓的人物，无人不知张飞是一员猛将，而他却是一个有勇有谋的大将。刘备起兵之初，与曹操交战，多次失利。刘表死后，刘备在荆州，势孤力弱。这时，曹操领兵南下，直达宛城，刘备荒忙率荆州军民退守江陵。由于老百姓跟着撤退的人太多，所以撤退的速度非常慢。曹兵追到当阳，与刘备的部队打了一仗，刘备败退，他的妻子和儿子都在乱军中被冲散了。刘备只得狼狈败退，令张飞断后，阻截追兵。

张飞只有二三十个骑兵，怎敌得过曹操大队人马？但张飞临危不惧，心生一计。他命令所率的二三十名骑兵都到树林子里去，砍下树枝，绑在马后，然后骑马在林中飞跑打转。张飞一人骑着黑马，横着丈二长矛，威风凛凛站在长板坡的桥上。

追兵赶到，见张飞独自骑马横矛站在桥中，好生奇怪，又看见桥东树林里尘土飞扬。追击的曹兵马上停止前进，以为树林之中定有伏兵。张飞只带二三十名骑兵，阻止住了追击的曹兵，让刘备和荆州军民顺利撤退，靠的就是这"树上开花"计。

孙膑救援缓一步

公元前342年，魏国军队进犯韩国的国都。韩昭侯见魏军来势凶猛，难以抵挡，便派使者到齐国请求救兵。

齐威王召集群臣商量此事。大家议论纷纷，莫衷一是。只有孙膑在一旁不发一言，若有所思。齐威王问计于孙膑，孙膑说："魏国自恃其武力强大，前年伐赵，今年伐韩，总有一天会侵犯齐国。如果我们现在不出兵救韩，就等于抛弃了韩国，喂肥了魏国，所以不救是没有道理的。但是，魏国刚开始攻打韩国，军队士气正旺，韩国的实力还没有受到挫伤，此时我们出兵救韩，等于让韩国坐享其成，使齐国遭受兵难，因此说马上出兵救韩也不是良策。"齐威王又问："如此说来，该怎么办呢?"孙膑回答说："我们不如先答应韩国的要求，稳住韩国人的阵脚。韩国知道齐国发兵救援，一定会奋力抵抗魏军。我们则坐山观虎斗，等到两国军队打得精疲力竭之时，齐国再出兵攻打魏军。这样，既可以保住韩国，又不使齐国军队的实力受损，两全其美，何乐而不为呢?"

齐威王闻言大喜，采纳了孙膑的建议，对韩国的使者说："齐国救兵不日即到。"韩昭侯听说齐国出兵，就壮着胆子与魏军开战。待到韩国实在招架不住的时候，孙膑才率军前去救韩。

白起之死

战国后期，秦将武安君白起在长平一战，全歼赵军40万，赵国国内一片恐慌。白起乘胜连下韩国17城，直逼赵国国都邯郸，赵国指日可破。赵国情势危急，平原君的门客苏代向赵王献计，愿意冒险赴秦，以救燃眉之急。赵王与群臣商议，决定依计而行。

苏代带着厚礼到咸阳拜见应侯范雎，对范雎说："武安君这次长平一战，威风凛凛，现在又直逼邯郸，他可是秦国统一天下的头号功臣。我可为您担心呀！您现在的地位在他之上，恐怕将来您不得不位居其下了。这个人不好相处啊。"苏代巧舌如簧，说得应侯沉默不语。过了好一会儿，才问苏代有何对策。苏代说："赵国已很衰弱，不在话下，何不劝秦王暂时同意议和。这样可以剥夺武安君的兵权，您的地位就稳如泰山了。"

范雎立即面奏秦王。"秦兵劳苦日久，需要修整，不如暂时宣谕息兵，允许赵国割地求和。"秦王果然同意。结果，赵国献出六城，两国罢兵。

白起突然被召班师，心中不快，后来知道是应侯范雎的建议，也无可奈何。两年后，秦王又发兵攻赵，白起正在生病，改派王陵率十万大军前往。这时赵国已起用老将廉颇，设防甚严，秦军久攻不下。秦王大怒，决定让白起挂帅出征。白起说："赵国统帅廉颇，精通战略，不是当年的赵括可比；再说，两国已经议和，现在进攻，会失信于诸侯。所以，这次出兵，恐难取胜。"秦王又派范雎去动员白起，两人矛盾很深，白起便装病不答应。秦王说："除了白起，难道秦国无将了吗?"于是又派王陵攻邯郸，五月不下。秦王又令白起挂帅，白起伪称病重，拒不受命。秦王怒不可遏，削去白起官职，赶出咸阳。这时范雎对秦王说："白起心怀怨恨，如果让他跑到别的国家去，肯定是秦国的祸害。"秦王一听，急派人赐剑白起，令其自刎。可怜，为秦国立下汗马功劳的白起，落到这个下场。

足智多谋的曹操

东汉末年，袁绍兵败身亡，几个儿子为争夺权力互相争斗，曹操决定击败袁氏兄弟。袁尚、袁熙兄弟投奔乌桓，曹操向乌桓进兵，击败乌桓，袁氏兄弟又去投奔辽东太守公孙康。曹营诸将向曹操进君，要一鼓作气，平伏辽东，捉拿二袁。曹操哈哈大笑说，你等勿动，公孙康自会将二袁的头送上门来的。于是下令班师，转回许昌，静观辽东局势。

公孙康听说二袁归降，心有疑虑。袁家父子一向都有夺取辽东的野心，现在二袁兵败，如丧家之犬，无处存身，投奔辽东实为迫不得已。公孙康如收留二袁，必有后患，再者，收容二袁，肯定得罪势力强大的曹操。但他又考虑，如果曹操进攻辽东，只得收留二袁，共同抵御曹操。当他探听到曹操已经转回许昌，并无进攻辽东之意时，认为收容二袁有害无益。于是预设伏兵，召见二袁，一举擒拿，割下首级，派人送到曹操营中。曹操笑着对众将说："公孙康向来惧怕袁氏吞并他，二袁上门，必定猜疑，如果我们急于用兵，反会促成他们合力抗拒。我们退兵，他们肯定会自相火并。看看结果，果然不出我所料！"

穰苴依军法斩监军

春秋时期，齐景公任命田穰苴为将，带兵攻打晋、燕联军，又派宠臣庄贾作监军。穰苴与庄贾约定，第二天中午在营门集合。第二天，穰苴早早到了营中，命令装好作为计时器的标杆和滴漏盘。约定时间一到，穰苴就到军营宣布军令，整顿部队。可是庄贾迟迟不到，穰苴几次派人催促，直到黄昏时分，庄贾才带着醉容到达营门。穰苴问他为何不按时到军营来，庄贾无所谓，只说什么亲戚朋友都来为我设宴饯行，我总得应酬应酬吧？所以来得迟了。穰苴非常气愤，斥责他身为国家大臣，有监军重任，却只恋自己的小家，不以国家大事为重。庄贾以为这是区区小事，仗着自己是国王的宠臣亲信，对穰苴的话不以为然。穰苴当着全军将士，命令叫来军法官，问："无故误了时间，按照军法应当如何处理？"

军法官答道："该斩！"穰苴即命拿下庄贾。庄贾吓得浑身发抖，他的随从连忙飞马进宫，向齐景公报告情况，请求景公派人救命。在景公派的使者没有赶到之前，穰苴即令将庄贾斩首示众。全军将士看到主将杀违犯军令的大臣，个个吓得发抖，谁还再敢不遵将令。这时，景公派来的使臣飞马闯入军营，拿景公的命令叫穰苴放了庄贾。穰苴沉着地应道："将在外，君命有所不受。"他见来人骄狂，便又叫来军法官，问道："乱在军营跑马，按军法应当如何处理？"军法官答道："该斩。"来使吓得面如土色。穰苴不慌不忙地说道："君王派来的使者，可以不杀。"

于是下令杀了他的随从和三驾车的左马，砍断马车左边的木柱。然后让使者回去报告。穰苴军纪严明，军队战斗力旺盛，果然打了不少胜仗。

楚庄王优待功臣之后

优孟是春秋时有名的戏子，平日里以滑稽调笑取欢左右，深得楚庄王的宠爱。

楚国贤相孙叔敖死后不久，优孟在郊外看到孙叔敖的儿子在山上砍柴。优孟这才知道此位贤相身死萧条，儿子沦落到靠砍柴为生的地步。

优孟决心帮孙叔敖的儿子渡过难关。经过一番思考之后，他特制了一套孙叔敖平时常穿的服装，每日细心模仿孙叔敖的一举一动。

一天，楚庄王在宫中大宴群臣，优孟穿着孙叔敖的服装走了过来。楚庄王远远一望，误以为孙叔敖复活，惊讶得差点叫出声来，及至近前，才看出是优孟所扮。楚庄王想起孙叔敖以前的功劳，感慨地对优孟说："你若有孙叔敖的才干，我愿意拜你为相。"出人意料的是，优孟并未磕头谢恩，而是不以为然地回答说："做丞相有什么好处，最后连自己的儿子的生计都保障不了！"接着，他把孙叔敖身后萧条的状况如实地告诉了楚庄王。楚庄王听后，翻然醒悟，下令召孙叔敖的儿子入朝，加封晋爵，赐绢赏地，从此孙叔敖的儿子过上了富裕的生活。

优孟并不是直接劝谏楚庄王，而是装扮成孙叔敖，对楚庄王旁敲侧击，使楚庄王明白了"人走茶凉"这一做法的危害性，从而帮助孙叔敖的儿子改善了生活条件。

孙武斩美姬

春秋时期，吴王阖庐看了大军事家孙武的著作《孙子兵法》，非常佩服，立即召见孙武。吴王说："你的兵法，真是精妙绝伦，先生可否用宫女进行一场小规模的演练呢？"众美女一到校军场上，只见旌旗招展，战鼓排列，煞是好看。她们嘻嘻哈哈，东瞅西瞧，漫不经心。孙武下令180名美女编成两队，并命令吴王的两个爱姬作为队长。两个爱姬哪里作过带兵的官儿，只是觉得好笑好玩。好不容易，才把稀稀拉拉、叫叫嚷嚷的美女们排成两列。

孙武十分耐心地、认真细致地对这些美女们讲解操练要领。交待完毕，命令在校军场上摆下刑具。然后威严地说："练兵可不是儿戏！你们一定要听从命令，不得马马虎虎，嘻笑打闹，如果谁违犯军令，一律按军法处理！"

美女们以为大家是来做做游戏的，不想碰见这么个一脸正经的人！这时，孙武命令擂起战鼓，开始操练。孙武发令："全体向右转！"美女们一个也没有动，反而孙武并不生气，说道："将军没有把动作要领交待清楚，这是我的错！"于是他又一次详细讲述了动作要领，并问道："大家听明白了没有？"众美女齐声回答："听明白了！"

鼓声再起，孙武发令："全体向左转："美女们还是一个未动，笑得比上次更加厉害了。吴王见此情景，也觉得有趣，心想：你孙武再大的本领，也无法让这些美女们听你的调动。

孙武沉下脸来，说道："动作要领没有交待清楚，是将军的过错，交待清楚了，而士兵不服从命令，就是士兵的过错了。按军法，违犯军令者斩，队长带队不力，应先受罚。来人，将两个队长推出斩首！"吴王一听，慌了手脚，急忙派人对孙武说："将军确实善于用兵，军令严明，吴王十分佩服。这次，请放过寡人的两个爱姬。"孙武回答道："将在外，君令有所不受。吴王既然要我演习兵阵，我一定按军法规定操练。"于是，将两名爱姬斩首示众，吓得众美女魂飞魄散。孙武命令继续操练。他命令排头两名美女继任队长众美女鸦雀无声。

鼓声第三次响起，众美女按规定动作，一丝不苟，顺利地完成了操练任务。

吴王见孙武斩了自己的爱姬，心中不悦，但仍然佩服孙武治兵的才能。后来以孙武为将，终使吴国挤进强国之列。

田忌赛马

齐国的大将田忌，很喜欢赛马，有一回，他和齐威王约定，要进行一场比赛。他们商量好，把各自的马分成上，中，下三等。比赛的时候，要上马对上马，中马对中马，下马对下马。由于齐威王每个等级的马都比田忌的马强得多，所以比赛了几次，田忌都失败了。

有一次，田忌又失败了，觉得很扫兴，比赛还没有结束，就垂头丧气地离开赛马场，这时，田忌抬头一看，人群中有个人，原来是自己的好朋友孙膑。孙膑招呼田忌过来，拍着他的肩膀说："我刚才看了赛马，威王的马比你的马快不了多少呀。"孙膑还没有说完，田忌瞪了他一眼："想不到你也来挖苦我！"孙膑说："我不是挖苦你，我是说你再同他赛一次，我有办法准能让你赢了他。"田忌疑惑地看着孙膑："你是说另换一匹马来？"孙膑摇摇头说："连一匹马也不需要更换。"田忌毫无信心地说："那还不是照样得输！"孙膑胸有成竹地说："你就按照我的安排办事吧。"齐威王屡战屡胜，正在得意洋洋地夸耀自己马匹的时候，看见田忌陪着孙膑迎面走来，便站起来讥讽地说："怎么，莫非你还不服气？"田忌说："当然不服气，咱们再赛一次！"说着，"哗啦"一声，把一大堆银钱倒在桌子上，作为他下的赌钱。齐威王一看，心里暗暗好笑，于是吩咐手下，把前几次赢得的银钱全部抬来，另外又加了一千两黄金，也放在桌子上。齐威王轻蔑地说："那就开始吧！"一声锣响，比赛开始了。孙膑先以下等马对齐威王的上等马，第一局田忌输了。齐威王站起来说："想不到赫赫有名的孙膑先生，竟然想出这样拙劣的对策。"孙膑不去理他。接着进行第二场比赛。孙膑拿上等马对齐威王的中等马，获胜了一局。齐威王有点慌乱了。第三局比赛，孙膑拿中等马对齐威王的下等马，又战胜了一局。这下，齐威王目瞪口呆了。比赛的结果是三局两胜，田忌赢了齐威王。还是同样的马匹，由于调换一下比赛的出场顺序，就得到转败为胜的结果。

调虎离山计

东汉末年，群雄并起，各霸一方。孙坚之子孙策，年仅17岁，年少有为，继承父志，势力逐渐强大。公元199年，孙策欲向北推进，准备夺取江北卢江郡。卢江郡南有长江之险，北有淮水阻隔，易守难攻。

占据卢江的军阀刘勋势力强大，野心勃勃。孙策知道，如果硬攻，取胜的机会很小。他和众将商议，定出了一条调虎离山的妙计。针对军阀刘勋，极其贪财的弱点，孙策派人给刘勋送去一份厚礼，并在信中把刘勋大肆吹捧一番。信中说刘勋功名远播，今人仰慕，并表示要与刘励交好。孙策还以弱者的身份向刘勋求救。他说，上缭经常派兵侵扰我们，我们力弱，不能远征，请求将军发兵降服上缭，我们感激不尽。刘勋见孙策极力讨好他，万分得意。上缭一带，十分富庶，刘勋早想夺取，今见孙策软弱无能，免去了后顾之忧，决定发兵上缭。部将刘晔极力劝阻，刘勋哪里听得进去？他已经被孙策的厚礼、甜言迷惑住了。

孙策时刻监视刘勋的行动，见刘勋亲自率领几万兵马去攻上缭，城内空虚，心中大喜，说："老虎已被我调出山了，我们赶快去占据它的老窝吧！"于是立即率领人马水陆并进，袭击卢江，几乎没遇到顽强的抵杭，就十分顺利地控制了卢江。刘勋猛攻上缭，一直不能取胜。突然得报，孙策已取卢江，情知中计，后悔已经来不及了，只得灰溜溜地投奔曹操。

笑里藏刀

唐太宗时，有个名字叫李义府的人，因善写文章，被推荐当了监察御史。李义府还善于奉承拍马，他曾写文章颂扬过唐太宗，因此，博得太宗的赏识。唐高宗时，李义府又得到高宗的信任，任中书令。从此，更加飞黄腾达。李义府外表温和谦恭，同人说话总带微笑，但大臣们知道，他心地极其阴险，因此都说他笑里藏刀。李义府在朝中为所欲为，培植亲信，任意让妻儿向人索取钱财，还随意封官许愿。高宗知道这些以后，曾婉转地告诫过他，但李义府并不放在心上。有一次，李在官中看到一份任职名单，回家后，让儿子把即将任职的人找来，对他说："你不是想做官吗？几天内诏书即可下来，你该怎样谢我？"那人见有官做，立刻奉上厚礼。之后，高宗得知了此事，不能再容忍了，就以"泄露机密"为名，将李义府父子发配边疆。

苻坚兵败淝水

公元383年，前秦统一了黄河流域地区，势力强大。前秦王苻坚坐镇项城，调集90万大军，打算一举歼灭东晋。他派其弟苻融为先锋攻下寿阳，初战告捷，苻融判断东晋兵力不多并且严重缺粮，建议苻坚迅速进攻东晋。苻坚闻讯，不等大军齐集，立即率几千骑兵赶到寿阳。东晋将领谢石得知前秦百万大军尚未齐集，抓住时机，击败敌方前锋，挫敌锐气。谢石先派勇将刘牢之率精兵五万，强渡洛涧，杀了前秦守将梁成。刘牢之乘胜追击，重创前秦军。谢石率师渡过洛涧，顺淮河而上，抵达淝水一线，驻扎在八公山边，与驻扎在寿阳的前秦军隔岸对峙。苻坚见东晋阵势严整，立即命令坚守河岸，等待后续部队。

谢石看到敌众我寡，只能速战速决。于是，他决定用激将法激怒骄狂的苻坚。他派人送去一封信，说道，我要与你决一雌雄，如果你不敢决战，还是趁早投降为好。如果你有胆量与我决战，你就暂退一箭之地，放我渡河与你比个输赢。符坚大怒，决定暂退一箭之地，等东晋部队渡到河中间，再回兵出击，将晋兵全歼水中。他哪里料到此时秦军士气低落，撤军令下，顿时大乱。秦兵争先恐后，人马冲撞，乱成一团，怨声四起。这时指挥已经失灵，几次下令停止退却，但如潮水般撤退的人马已成溃败之势。这时谢石指挥东晋兵马，迅速渡河，乘敌人大乱，奋力追杀。符融被东晋军在乱军中杀死，符坚也中箭受伤，慌忙逃回洛阳。前秦大败。淝水之战，东晋军抓住战机，乘虚而入，是古代战争史上以弱胜强的著名战例。

李林甫口蜜腹剑

唐明皇时，有两位宰相共辅国政，一个是拘谨正直的李适之，一个是阴险奸诈的李林甫。李适之一向反对李林甫，李林甫一直想陷害李适之，但在表面上两人还很要好，看不出有什么冲突或矛盾。

有一天，两人闲谈中，李林甫劝李适之说："华山出产金矿，谁都知道，如果开工采掘，实为国家增加无穷财富，你何不奏闻皇上？"适之是老实人，亦认为有理可行，果然上折奏知唐明皇。唐明皇召见李林甫问："适之所奏华山有金矿可采，你知道吗？"李林甫饰词相答："小臣近常为陛下的疾病担忧，深知华山金矿的那一方位，实为陛下本命，地下隐伏着王者之气，如果采掘，不利于陛下龙体，臣正以此为忧，故不敢将此事奏闻。"唐明皇听此，认为李林甫才是最体贴的忠义之臣，李适之存心整蛊，从此对适之逐渐疏远，终于免除其官职，由李林甫一人当政。

李林甫当权，第一步就是排除异己，引用一班亲戚贪佞之人，对那些正直之士，务必除之而后快。有一位名重一时的绛郡太守严挺之，唐明皇对他十分敬重，要加以大用。李林甫看在眼里，怕此人重用后会影响自己的权位，乃想办法把严挺之的弟弟严损之找来，猛拍其膊头，说他和令兄如何之相好，怎样之深交，并且当面许诺一定要保奏此位弟弟做个员外郎，以示关切和对好友严挺之的敬意。然后再透露说："皇上对令兄非常敬重，我们必须想个办法把令兄内调回京，方能及时水到渠成。"严损之已被迷魂汤灌得晕陀陀，便问有什么办法。李林甫故意想半天才说："不如这样，你写封信给令兄，叫他写一封呈文来，说患有风湿病，希望能到长安来就医，我自会代他设法。"

严挺之接到弟郎家书后，信以为真，还认为李林甫对自己另眼相看，便如所属，写一封"乞调回京就医"呈文。李林甫拿到这通奏折，即跑去参见唐明皇，说："严挺之年事已高了，又患风湿重症，行坐甚为不便，不如给他一个闲官调到气候好的地方去调养，也正好见圣上对下臣的体贴。"唐明皇对李林甫是言听计从的，毫不考虑竟批准，把严挺之调到"闻道花似锦"之洛阳去做个领干薪的闲官，连太守也做不成了。

姬光用计

吴公子姬光对吴王僚即吴国王位十分不满，虽然表面上对吴王僚毕恭毕敬、唯命是从的，但心里却无时不在篡夺王位。伍子胥从楚国逃到吴国，姬光见他勇猛侠气、智勇双全，便把他纳为知己。伍子胥又将他的朋友——吴国勇士专诸推荐给姬光，姬光器重之。三人密谋：待时机成熟，就刺杀僚王。

姬光探知，吴王僚最喜爱吃炙烤出来的鱼肉，便让专诸专心学习炙鱼的烹饪方法。吴王僚12年，楚平王去世，吴王派公子盖余、烛庸领兵欲趁楚丧而攻打楚国，反而被楚军围困；这时，吴公子庆忌正出使卫、郑二国，姬光见王僚身边的大将都不在国内，认为时机成熟，急忙与伍子胥、专诸商议刺杀僚的策略。

姬光假惺惺、笑盈盈地邀请王僚前来吃炙鱼，王僚以防万一，身上穿了三层甲衣，一路上布满警卫，并带上一百名贴身警卫进入姬光家。姬光满面笑容地同王僚入座就席。席间，姬光假称脚痛而离席，专诸在王僚警卫的重重夹带下，手捧一碟香美的炙鱼来到王僚面前，突然，专诸飞快地从鱼肚里抽出"鱼肠"短剑，使劲地刺入王僚的怀里，短剑穿过三甲、从王僚的背部刺出，僚当场死亡，专诸也被王僚的警卫乱刀砍死。姬光、伍子胥率数百名伏兵从两侧杀出，迅速解决了王僚的卫队。姬光于是继吴王位，名号阖闾（庐）。

公孙鞅攻魏

战国时期，秦国为了对外扩张，必须夺取地势险要的黄河崤山一带，派公孙鞅为大将，率兵攻打魏国。公孙鞅大军直抵魏国吴城城下。这吴城原是魏国名将吴起苦心经营之地，地势险要，工事坚固，正面进攻恐难奏效。公孙鞅苦苦思索攻城之计。他探到魏国守将是与自己曾经有过交往的公子行，心中大喜。他马上修书一封，主动与公子行套近乎，说道：虽然我们俩现在各为其主，但考虑到我们过去的交情，还是两国罢兵，订立和约为好。念旧之情，溢于言表。他还建议约定时间会谈议和大事。信送出后，公孙鞅还摆出主动撤兵的姿态，命令秦军前锋立即撤回。公子行看罢来信，又见秦军退兵，非常高兴，马上回信约定会谈日期。公孙鞅见公子行已钻入了圈套，暗地在会谈之地设下埋伏。会谈那天，公子行带了三百名随从到达约定地点，见公孙鞅带的随从更少，而且全部没带兵器，更加相信对方的诚意。会谈气氛十分融洽，两人重叙昔日友情，表达双方交好的诚意。公孙鞅还摆宴款待公子行。公子行兴冲冲入席，还未坐定，忽听一声号令，伏兵从四面包围过来，公子行和三百随从反应不及，全部被擒。公孙鞅利用被俘的随从，骗开吴城城门，占领吴城。魏国只得割让西河一带，向秦求和。

计中计

三国时期，赤壁大战前夕，曹操率领号称的 83 万大军，准备渡过长江，占据南方。当时，孙刘联合抗曹，但兵力比曹军要少得多。

曹操的队伍都由北方骑兵组成，善于马战，可不善于水战。正好有两个精通水战的降将蔡瑁、张允可以为曹操训练水军。曹操把这两个人当作宝贝，优待有加。一次东吴主帅周瑜见对岸曹军在水中排阵，井井有条，十分在行，心中大惊。他想一定要除掉这两个心腹大患。曹操一贯爱才，他知道周瑜年轻有为，是个军事奇才，很想拉拢他。曹营谋士蒋干自称与周瑜曾是同窗好友，愿意过江劝降。曹操当即让蒋干过江说服周瑜。

周瑜见蒋干过江，一个反间计就已经酝酿成熟了。他热情款待蒋干，酒席筵上，周瑜让众将作陪，炫耀武力，并规定只叙友情，不谈军事，堵住了蒋干的嘴巴。

周瑜佯装大醉，约蒋干周床共眠。蒋干见周瑜不让他提及劝降之事，心中不安，哪里能够入睡。他偷偷下床，见周瑜案上有一封信。他偷看了信，原来是蔡瑁、张允写来，约定与周瑜里应外合，击败曹操。这时，周瑜说着梦话，翻了翻身子，吓得蒋干连忙上床。过了一会儿，忽然有人要见周瑜，周瑜起身和来人谈话，还装作故意看看蒋干是否睡熟。蒋干装作沉睡的样子，只听周瑜他们小声谈话，听不清楚，只听见提到蔡瑁、张允二人。于是蒋干对蔡瑁、张允二人和周瑜里应外合的计划确认无疑。

他连夜赶回曹营，让曹操看了周瑜伪造的信件，曹操顿时火起，杀了蔡瑁、张允。等曹操冷静下来，才知中了周瑜反间之计，但也无可奈何了。

韩世忠反间计

南宋初期，高宗害怕金兵，不敢抵抗，朝中投降派得势。主战的著名将领宗泽、岳飞、韩世忠筹坚持抗击金兵，使金兵不敢轻易南下。

公元1134年，韩世忠镇守扬州。南宋朝廷派魏良臣、王绘等去金营议和。二人北上，经过扬州。韩世忠心里极不高兴，生怕二人为讨好敌人，泄露军情。可他转念一想，何不利用这两个家伙传递一些假情报。等二人经过扬州时，韩世忠故意派出一支部队开出东门。二人忙问军队去向，回答说是开去防守江口的先头部队。二人进城，见到韩世忠。忽然一再有流星庚牌送到。韩世忠故意让二人看，原来是朝廷催促韩世忠马上移营守江。

第二天，二人离开扬州，前往金营。为了讨好金军大将聂呼贝勒，他们告诉他韩世忠接到朝廷命令，已率部移营守江。金将送二人往金兀术处谈判，自己立即调兵遣将。韩世忠移营守江，扬州城内空虚，正好夺取。于是，聂呼贝勒亲自率领精锐骑兵向扬州挺进。韩世忠送走二人，急令"先头部队"返回，在扬州北面大仪镇（分江苏仪征东北）的二十多处设下埋伏，形成包围圈，等待金兵。金兵大军一到，韩世忠率少数兵士迎战，边战边退，把金兵引入伏击圈。只听一声炮响，宋军伏兵从四面杀出，金兵乱了阵脚，一败涂地，先锋被擒，主帅仓皇逃命。金兀术大怒，将送假情报的两个投降派囚禁起来。

吴起用兵

战国时，齐国大将田忌、段朋率大军攻打鲁国。他们听说鲁国的将领是名不见经传的吴起时，就很不以为然。两军对垒，鲁军安然不动，田忌暗地里派人去鲁营打探实情，只见吴起正在同军中最低等的士兵们席地而坐、分羹同食，田忌听报，大笑说："将尊则士畏，士畏则战利，吴起竟然如此低贱，怎么能威服将士呢，我毫无顾虑了。"田忌又派亲信张丑以谈和为名，前去鲁营探听情报。吴起很清楚他们的意图，就故意把精锐的部队藏于后营，不让张丑发觉，而让他特意看到鲁营里到处是老弱病残的士兵，士气萎靡不振；吴起也装作奴颜婢膝的样子，请求与齐军议和。田忌听完张丑的汇报后，更加轻视鲁军，从而放松了应有的警惕。吴起于深夜里，亲率一队精锐的兵马前去齐营偷袭，乘混乱时放起大火，齐军拼命突围，又被鲁军的伏兵掩杀，齐军大败而归。逃回齐国后，田忌责怪张丑的情报有假，张丑这才知道：是吴起的"反间计"害了他和齐军，田忌万般感叹道："吴起用兵，有比孙武、穰苴，我不如也。"

瞒天过海

　　公元583年，陈叔宝当了陈朝皇帝。他整日吃喝玩乐，不理朝政，奸臣乘机为非作歹，欺压百姓，搞得民不聊生，陈朝危在旦夕。当时，隋文帝统一了北方，国力强盛，斗志正旺。他分析局势，深知陈朝国力空虚，已不堪一击，便派兵南下，想一举攻灭陈朝。可是，隔着一条滔滔长江，如何进攻才能万无一失？老臣高颖悄悄向他献了一条妙计。隋文帝依着高颖的计策，一声令下，几路大军浩浩荡荡一齐进攻，首先切断了长江上游与中下游军的联络，使他们不能相互照应。与此同时，隋朝大将贺若弼率大队人马向陈朝国都健康进军。兵马来到长江北岸驻扎下来。只见帐篷林立，军旗飘扬，人喊马嘶，一派战前景象。江南陈朝将领见这阵势，以为隋军即将渡江攻城，顿时紧张起来，召集全部人马，抖擞精神，准备与隋军决一死战。谁知剑拔弩张地等了几天，隋军不但没有渡江攻城，反而撤了回去，渡口只留了一些破旧小船。陈朝将士以为隋军水上力量不足，不敢轻易进攻，上上下下都松了口气。可是不久，隋军又集结江北，安营扎寨。陈军慌忙再度备战。这样反复折腾了几次，弄得陈军人困马乏，加上粮食又被隋军间谍烧毁陈军更是人心惶惶，进退两难。就在这时，隋军突然发起总攻。浩浩长江之上，万船齐发，金鼓震天，陈军哪里还有还击之力？连陈后主也乖乖地当了俘虏。隋文帝笑逐颜开，重奖有功将士。他夸赞高颖道："好一个瞒天过海之计！

若不是如此麻痹敌军，我们怎会不费吹灰之力轻易取胜？姜，到底还是老的辣嘛！"

阴姬如愿以偿做王后

中山国国王的两个爱妃阴姬和江姬都想做王后，私下里勾心斗角，争夺十分激烈。她们之间的争夺对于中山王的谋臣司马喜来说，是一个谋求个人发展的良好机缘。老谋深算的司马喜暗中求见阴姬，一本正经地对她说："争夺王后可不是一件轻松好玩的事。事若成，则为国中第一夫人，吃不完的山珍海味，穿不尽的绫罗绸缎；事若不成，弄巧成拙，恐怕连自家的性命都难保。所以，要么放弃这个念头，要么就一举成功。你选择哪一条路呢？"阴姬眼中流露出渴望的神情，说："我要做王后，而且要一举成功！"司马喜不慌不忙地说："既然如此，微臣愿助你一臂之力。"阴姬十分感激："若能成功，我必定厚报先生。"第二天，司马喜按自己的计划行事。他先写了一份奏章给中山王，说他有一个削弱赵王的想法。中山王当即召见他。司马喜请求中山王让他以使者的身份去一趟赵国，主要考察赵国的山川地形、军事设施、君臣好坏、人民贫富，然后在加以研究的基础上提出一个详尽的方案。中山王准许了他的请求。

司马喜到赵国后拜见了赵王，公事谈完后便转入了聊天。司马喜说："我早就听说赵国是一个出美女的地方。但我在街上巡视时，发现赵国的妇女中没有特别出色的。我周游列国，跑过的地方多了，美女也见多了，但从未见过有哪个美女能与我国的阴姬相比。阴姬的容貌颜色无法用言语来形容，简直就像天上的仙女。"赵王是个好色之徒，听了司马喜这番话顿时感到心跳加速，忙问道："你若能把她弄到赵国，我重重赏你。"

司马喜故作难色，说道："尽管阴姬只是个嫔妃，可我们大王却爱如珍宝。请大王不要把我刚才的话传出去，否则我会有杀身之祸。我在暗中替大王做这件事就是了。"

回国后，司马喜愤愤不平地对中山王说："赵王不好仁义，而好武力；不好道德，而好女色。他甚至私下里打阴姬的主意，想让阴姬做他的妃子。""这个荒淫无耻的东西！"中山王气得大骂。

司马喜劝中山王息怒，说："眼下赵国比我们强大。如果赵王来要阴姬，恐怕我们只好送给他。若我们不从，就会招致兵戈之灾。话又说回来了，如果我们拱手送阴姬给赵王，天下人会讥笑我们中山国懦弱无能。"中山王为难了，问道："这可如何是好？"司马喜见时机已到，忙献计说："只有一个办法，就是大王立阴姬为王后，以绝赵王之念。世间还没有听说要他国王后做妃子的事情呢！"

中山王认为此计甚妙。于是，阴姬在司马喜的策划下顺利地登上了王后宝座。

ZHONGGUO
WENHUAQUWEN

中国

张凯月◎编著

文化趣闻（下）

中国出版集团
现代出版社

图书在版编目(CIP)数据

中国文化趣闻(下)/张凯月编著. —北京：现代
出版社，2014.1

ISBN 978-7-5143-2140-1

Ⅰ. ①中… Ⅱ. ①张… Ⅲ. ①中华文化－青年读物
②中华文化－少年读物 Ⅳ. ①K203－49

中国版本图书馆CIP数据核字(2014)第008602号

作　　者	张凯月	
责任编辑	王敬一	
出版发行	现代出版社	
通讯地址	北京市安定门外安华里504号	
邮政编码	100011	
电　　话	010－64267325 64245264(传真)	
网　　址	www.1980xd.com	
电子邮箱	xiandai@cnpitc.com.cn	
印　　刷	唐山富达印务有限公司	
开　　本	710mm×1000mm　1/16	
印　　张	16	
版　　次	2014年1月第1版　2023年5月第3次印刷	
书　　号	ISBN 978-7-5143-2140-1	
定　　价	76.00元(上下册)	

目　录

第二章　智慧趣闻(下)

第三章　奇人轶闻

第二章　智慧趣闻(下)

打草惊蛇

南唐时候，当涂县（现安徽省马鞍山市下辖的一个县）的县令叫王鲁。这个县令贪得无厌，财迷心窍，见钱眼开，只要是有钱、有利可图，他就可以不顾是非曲直，颠倒黑白。在他做当涂县令的任上，干了许多贪赃枉法的坏事。

常言说，上梁不正下梁歪。这王鲁属下的那些大小官吏，见上司贪赃枉法，便也一个个明目张胆干坏事，他们变着法子敲诈勒索、贪污受贿，巧立名目搜刮民财，这样的大小贪官竟占了当涂县官吏的十之八九。因此，老百姓苦不堪言，一个个从心里恨透了这批狗官，总希望能有个机会好好惩治他们，出出心中怨气。

一次，适逢朝廷派员下来巡察地方官员情况，老百姓一看，机会来了。于是大家联名写了状子，控告县衙里的主簿等人营私舞弊、贪污受贿的种种不法行为。状子首先递送到了县令王鲁手上。王鲁把状子从头到尾只是粗略看了一遍，这一看不打紧，却把这个王鲁县令吓得心惊肉跳，浑身上下直打哆嗦，直冒冷汗。原来，老百姓在状子中所列举的种种犯罪事实，全都和王鲁自己曾经干过的坏事相类似，而且其中还有许多坏事都和自己有牵连。状子虽是告主簿几个人的，但王鲁觉得就跟告自己一样。他越想越感到事态严重，越想越觉得害怕，如果老百姓再继续控告下去，马上就会控告到自己头上了，这样一来，朝廷知道了实情，查清了自己在当涂县的胡作非为，自己岂不是要大祸临头！

王鲁想着想着，惊恐的心怎么也安静不下来，他不由自主地用颤抖的手拿笔在案卷上写下了他此刻内心的真实感受："汝虽打草，吾已惊蛇。"写罢，他手一松，瘫坐在椅子上，笔也掉到地上去了。

那些干了坏事的人常常是做贼心虚，当真正的惩罚还未到来之前，只要有一点什么声响，他们也会闻风丧胆。

趁火打劫

曹操入朝总领大事之后，一日在后堂设宴，聚众谋士商议："刘备屯兵徐州，自领州事，现在吕布又兵败投奔徐州，若二人同心引兵来犯，必是心腹之患也。诸位有何妙计啊？"荀彧献上一计称为"二虎竞食"，可令吕布与刘备厮杀。曹操依计而行，但此计被刘备识破并未得逞。荀彧又献一计：让曹操给袁术处通气，说刘备上密表，要得袁术的南郡。这次袁术中计，要引兵进攻徐州。刘备听说袁术要来进攻，便要出城迎战。孙乾让刘备选好守城之人，刘备问关、张二人谁可守城，关羽要守城，刘备说早晚有事要和关羽商量，张飞愿意守城。刘备知道张飞的毛病，再三叮嘱他一不要喝酒，二要听人劝，还留下陈登辅助张飞。

张飞自刘备走后，一应杂事，都交与了陈登，军机大事，自己斟酌。确实好了几天。可在一次宴请官员的酒宴中，却犯了毛病，张飞告诉大家可以一醉方休，第二天各自戒酒。这也倒行，可是人家曹豹是滴酒不沾，张飞非要曹豹喝一碗，曹豹害怕，只得强饮一碗，可张飞喝多了，还让曹豹再喝一碗。曹豹说实是不能喝了，张飞说你刚才不是喝了吗。可把曹豹治坏了。还要打一百鞭，陈登劝，张飞也不听。此时曹豹如果硬挺着也就算了，他又提他的女婿吕布。这一提不要紧，张飞最看不上吕布，满腔怒火撒到了曹豹身上。

曹豹回去，恨透了张飞，连夜给吕布写信，说张飞无礼，又说刘备和关羽不在城内，张飞又喝醉了，这时占领徐州，那徐州不就属于吕布了吗。吕布大喜，连夜引兵来袭徐州。曹豹等侯，开了城门，众军齐入，喊声大作，张飞醉卧府中，听得吕而杀来，急忙上马，可酒未全醒，不能力战。吕布也知张飞勇猛，也不敢往死整。张飞杀出东门，刘玄德家眷陷在府中，都顾不得了。

此战就是趁火打劫的例子，吕布在刘备手下暂时栖身，也想自己有个稳定的地盘，那么张飞给了这个机会，此时不打更待何时？

张巡用计制敌军

唐朝安史之乱时，安禄山气焰嚣张，连连大捷，安禄山之子安庆绪派勇将尹子奇率十万劲旅进攻睢阳。

御史中丞张巡驻守睢阳，见敌军来势汹汹，决定据城固守。敌兵二十余次攻城，均被击退。尹子奇见士兵已经疲惫，只得鸣金收兵。晚上，敌兵刚刚准备休息，忽听城头战鼓隆隆，喊声震天．尹子奇急令部队准备与冲出城来的唐军激战。而张巡"只打雷不下雨"，不时擂鼓，像要杀出城来，可是一直紧闭城门，没有出战。尹子奇的部队被折腾了整夜，没有得到休息，将士们疲乏已极，眼睛都睁不开，倒在地上就呼呼大睡。这时，城中一声炮响，突然之间，张巡率领守兵冲杀出来．敌兵从梦中惊醒，惊慌失措，乱作一团。张巡一鼓作气，接连斩杀五十余名敌将，五千余名士兵，敌军大乱。张巡急令部队擒拿敌军首领尹子奇，部队一直冲到敌军帅旗之下。张巡从未见过尹子奇，根本不认识，现在他又混在乱军之中，更加难以辨认。张巡心生一计，让士兵用秸秆削尖作箭，射向敌军。敌军中不少人中箭，他们以为这下玩完了，没有命了。但是发现，自己中的是秸秆箭，心中大喜，以为张巡军中已没有箭了。他们争先恐后向尹子奇报告这个好消息。张巡见状，立刻辨认出了敌军首领尹子奇，急令神箭手、部将南霁云向尹子奇放箭。正中尹于奇左眼，这回可是真箭。只见尹子奇鲜血淋漓抱头鼠窜，仓皇逃命。敌军一片混乱，大败而逃。

擒贼擒王拿鲁肃

刘备通过鲁肃"借得"荆州却不肯归还，派关羽镇守荆州。东吴这边，周瑜死后，鲁肃继任大都督，向关羽索讨荆州不成，于是，打算骗关羽过江，先好言相劝，若关羽执意不肯，便拿下关羽，然后攻打失去主将的荆州。鲁肃摆下酒宴，假意款待关羽，暗中令吕蒙等设下伏兵。关羽知晓鲁肃意思，故意只带周仓等少数人马过江赴宴，席间，鲁肃几次或明或暗的向关羽索讨荆州，但是关羽以酒宴谈公务伤感情等理由敷衍鲁肃。酒过三巡，关羽见时间差不多了，就要告别，此时，鲁肃准备伏兵活捉关羽，但是关羽却一把挽住鲁肃的手，拉着他一起到江边。鲁肃怕事情败露，不敢推辞。而吕蒙等人怕伤害鲁肃，不敢动手，就这样，关羽安全到了江边，上了自己的船回到荆州。

四面楚歌

项羽和刘邦原来约定以鸿沟（在今河南荣县境贾鲁河）东西边作为界限，互不侵犯。后来刘邦听从张良和陈平的规劝，觉得应该趁项羽衰弱的时候消灭他，就又和韩信、彭越、刘贾会合兵力追击正在向东开往彭城（即今江苏徐州）的项羽部队。终于布置了几层兵力，把项羽紧紧围在垓下（在今安徽灵璧县东南）。这时，项羽手下的兵士已经很少，粮食又没有了。夜里听见四面围住他的军队都唱起楚地的民歌，不禁非常吃惊地说："刘邦已经得到了楚地了吗？为什么他的部队里面楚人这么多呢？"说着，心里已丧失了斗志，便从床上爬起来，在营帐里面喝酒，并和他最宠爱的妃子虞姬一同唱歌。唱完，直掉眼泪，在一旁的人也非常难过，都觉得抬不起头来。虞姬自刎于项羽的马前，项羽英雄末路，带了仅剩兵卒至乌江，最终自刎于江边。

以后人们就用"四面楚歌"这个词，形容人们遭受各方面攻击或逼迫，而陷于孤立窘迫的境地。凡是陷于此种境地者，其命运往往是很悲惨的。例如某人因经常与坏人为伍，不事生产，游手好闲，但后来却被那些坏人逼迫得无以为生，而求助于别人时，别人又因他平日行为太坏，绝不同情理睬，这人所处的境地便是"四面楚歌"。

以逸待劳

西汉末年，陇甘军阀隗嚣脱离刘秀，去投靠在四川称帝的公孙述。刘秀大怒，派兵去攻打隗嚣，结果反被隗嚣打败。

刘秀再派征西大将军冯异，前去占领枸邑。隗嚣得到消息，命令部将行巡立刻去枸邑抢占有利地形。冯异的部将们知道后，都劝冯异不要和行巡大军作战。冯异斩钉截铁地说："我们必须抢占枸邑'以逸待劳'。"冯异命令部队急行军，抢在行巡之前，占领了枸邑。冯异严密封锁消息，紧闭城门，偃旗息鼓，让将士们休整。行巡的部队急匆匆地刚赶到城下，城楼上突然鼓声大作，亮出了冯异的帅旗。行巡的军队毫无防备，吓得四下逃窜。冯异大开城门，领兵冲出城来，大败敌军。

让自己的军队养精蓄锐，以等候从远方赶来的敌军，以达到消灭敌人的目的，称为"以逸待劳"。

借刀杀人

春秋末期，齐简公派国书为大将，兴兵伐鲁。鲁国实力不敌齐国，形势危急。孔子的弟子子贡分析形势，认为惟吴国可与齐国抗衡，可借吴国兵力挫败齐国军队。于是子贡游说齐相田常。田常当时蓄谋篡位，急欲铲除异己。子贡以"忧在外者攻其弱，忧在内者攻其强"的道理，劝他莫让异己在攻弱鲁中轻易主动，扩大势力，而应攻打吴国，借强国之手铲除异己。田常心动，但因齐国已作好攻鲁的部署，转而攻吴怕师出无名。子贡说："这事好办。我马上去劝说吴国救鲁伐齐，这不是就有了攻吴的理由了吗？"田常高兴地同意了。子贡赶到吴国，对吴王夫差说："如果齐国攻下鲁国，势力强大，必将伐齐。大王不如先下手为强，联鲁攻齐，吴国不就可抗衡强晋，成就霸业了吗？"子贡马不停蹄，又说服赵国，派兵随吴伐齐，解决了吴王的后顾之忧。子贡游说三国，达到了预期目标，他又想到吴国战胜齐国之后，定会要挟鲁国，鲁国不能真正解危。于是他愉偷跑到晋国，向晋定公陈述利害关系：吴国伏鲁成功，必定转而攻晋，争霸中原。劝晋国加紧备战，以防吴国进犯。公元前484年，吴王夫差亲自挂帅，率十万精兵及三千越兵攻打齐国，鲁国立即派兵助战。齐军中吴军诱敌之计，陷于重围，齐师大败，主帅图书及几员大将死于乱军之中。齐国只得请罪求和。夫差大获全胜之后，骄狂自傲，立即移师攻打晋国。晋国因早有准备，击退吴军。子贡充分利用齐、吴、越、晋四国的矛盾，巧妙周旋，借吴国之刀"，击败齐国；借晋国之"刀"，灭了吴国的威风。鲁国损失微小，却能从危难中得以解脱。

抛砖引玉

唐代高僧从谂禅师，主持赵郡观音院多年。相传他对僧徒参禅要求极严，必需人人静坐敛心，集中专注，绝不理会外界的任何干扰，达到凝思息妄、身心不动的入定境界。有一天，众僧晚参，从谂禅师故意说："今夜答话，有闻法解悟者出来。"

此时徒众理应个个盘腿正坐，闭目凝心，不动不摇。恰恰有个小僧沉不住气，竟以解问者自居，走出礼拜。从谂禅师瞟了他一眼，缓声说道："刚才抛砖引玉，却引来一块比砖还不如的土坯！"

另外，有一个抛砖引玉的故事。据《历代诗话》、《谈证》等书记述：唐代诗人赵嘏，以佳句"长笛一声人倚楼"博得大诗人杜牧的赞赏，人们因此称赵嘏为"赵倚楼"，当时另有一位名叫常建的诗人，一向仰慕赵嘏的诗才。他听说赵嘏来到吴地，料他一定会去灵岩寺游览，便先赶到灵岩，在寺前山墙上题诗两句，希望赵嘏看到后能添补两句，续成一首。果然赵嘏游览灵岩寺看到墙上两句诗，不由诗兴勃发，顺手在后面续了两句，补成一首完整的绝诗。常建的诗没有赵嘏写得好，他以较差的诗句引出赵嘏的佳句，后人便把这种做法叫作"抛砖引玉"。其实，常建、赵嘏并非同时代人，他们各自的活动年代相距百年之多，续诗之说不可信，只是由于这段故事很出名，人们也就承认它是成语"抛砖引玉"的出处之一。

金蝉脱壳

三国时期，诸葛亮六出祁山，北伐中原，但一直未能成功，终于在第六次北伐时，积劳成疾，在五丈原病死于军中。为了不使蜀军在退回汉中的路上遭受损失，诸葛亮在临终前向姜维密授退兵之计。姜维遵照诸葛亮的吩咐，在诸葛亮死后，秘不发丧，对外严密封锁消息。他带着灵柩，秘密率部撤退。司马懿派部队跟踪追击蜀军。姜维命工匠仿诸葛亮摸样，雕了一个木人，羽扇纶巾，稳坐车中。并派杨仪率领部分人马大张旗鼓，向魏军发动进攻。魏军远望蜀军，军容整齐，旗鼓大张，又见诸葛亮稳坐车中，指挥若定，不知蜀军又要什么花招，不敢轻举妄动。司马懿一向知道诸葛亮"诡计多端"，又怀疑此次退兵乃是诱敌之计，于是命令部队后撤，观察蜀军动向。姜维趁司马懿退兵的大好时机，马上指挥主力部队，迅速安全转移，撤回汉中。等司马懿得知诸葛亮已死，再进兵追击，为时已晚。宋朝开禧年间，金兵屡犯中原。宋将毕再遇与金军对垒，打了几次胜仗。金兵又调集数万精锐骑兵，要与宋军决战。此时，宋军只有几千人马，如果与金军决战，必败无疑。毕再遇为了保存实力，准备暂时撤退。金军已经兵临城下，如果知道宋军撤退，肯定会追杀。那样，宋军损失一定惨重。毕再遇苦苦思索如何蒙蔽金兵，转移部队。这对，只听帐外，马蹄声响，毕再遇受到启发，计上心来。他暗中作好撤退部署，当天半夜时分，下令兵士擂响战鼓，金军听见鼓响，以为宋军趁夜劫营，急忙集合部队，准备迎战．哪里知道只听见宋营战鼓隆隆，却不见一个宋兵出城。宋军连续不断地击鼓，搅得金兵整夜不得休息。金军的头领似有所悟：原来宋军采用疲兵之计，用战鼓搅得我们不得安宁。好吧，你擂你的鼓，我再也不会上你的当。宋营的鼓声连续响了两天两夜，金兵根本不予理会。到了第三天，金兵发现，宋营的鼓声逐渐微弱，金军首领断定宋军已经疲惫，就派军分几路包抄，小心翼翼靠近宋营，见宋营毫无反应。金军首领一声令下，金兵蜂踊而上，冲进宋营，这才发现宋军已经全部安全撤离了。原来毕再遇使了"金蝉脱壳"之计。他命令兵士将数十只羊的后腿捆好绑在树上，使倒悬的羊的前腿拼命蹬踢，又在羊腿下放了几十面鼓，羊腿拼命蹬踢，鼓声隆隆不断。毕再遇用"悬羊击鼓"的计策迷惑了故军，利用两天的时间安全转移了。

草船借箭

三国时期，曹操率80万大军想要征服东吴。孙权、刘备便打算联手伐魏。孙权手下有位大将叫周瑜，智勇双全，可是心胸狭窄，很妒忌诸葛亮的才干。因水中交战需要箭，周瑜要诸葛亮在十天内负责赶造十万支箭，哪知诸葛亮只要三天，还愿立下军令状，完不成任务甘受处罚。周瑜想，三天不可能造出10万支箭，正好利用这个机会来除掉诸葛亮。于是他一面叫军匠们不要把造箭的材料准备齐全，另一方面叫大臣鲁肃去探听诸葛亮的虚实。

鲁肃见了诸葛亮，诸葛亮说："这件事要请你帮我的忙。希望你能借给我20只船，每只船上30个军士，船要用青布幔子遮起来，还要一千多个草靶子，排在船两边。不过，这事千万不能让你家都督知道，否则就不灵了。"鲁肃报告周瑜，只说他不用准备的材料，绝口不提诸葛亮的计划。两天过去了，不见一点动静。周瑜想："他肯定造不好了。"到第三天四更时候，诸葛亮秘密地请鲁肃一起到船上去，说是一起去取箭。诸葛亮吩咐把船用绳索连起来向对岸开去。那天江上大雾迷漫，对面都看不见人。当船靠近曹军水寨时，诸葛亮命船一字摆开，叫士兵擂鼓呐喊。曹操以为对方来进攻，又因雾大怕中埋伏，就从旱寨派六千名弓箭手朝江中放箭，雨点般的箭纷纷射在草靶子上。过了一会儿，诸葛亮又命船掉过头来，让另一面受箭。太阳出来了，雾要散了，诸葛亮命船赶紧往回开。此时顺风顺水，曹操想追也来不及。这时船的两边草靶子上密密麻麻地插满了箭，每只船上至少五、六千支，总共有20条船，总数远远超过了十万支。鲁肃把借箭的经过告诉周瑜时，周瑜感叹地说："诸葛亮神机妙算，我不如他。"

孔明三气周瑜

赤壁之战结束，孙刘联军大胜，曹操败走。孙刘两家此时为各自利益都盯住了荆襄之地。刘备没有领地，急欲取荆襄之地为基业，而孙权也欲全取荆襄，这样可以全据长江之险，与曹操抗衡。刘备和孔明提兵屯于油江口，准备夺取荆州。周瑜见刘备屯兵，知道他有夺取荆州的意思，便亲自赴油江与刘备谈判，而且打定主意谈判若是破裂，就先打刘备，再取南郡。刘备在孔明的授意下，允诺只有当东吴攻不下南郡自己才能攻取，而心中其实忧虑，他怕东吴攻下南郡之后，自己无处容身。孔明却宽慰他说："尽着周瑜去厮杀，早晚教主公在南郡城中高坐。"那时曹操虽走，却留下猛将曹仁守南郡，心腹大将夏侯敦守襄阳，攻打有着相当的难度。周瑜在攻打南郡的时候，也确实付出了惨重的代价，吃了好几次败仗，自己也中了毒箭，但是他终于还是将曹仁击败。当他来到南郡城下，准备进城的时候，却发现城池已被赵云袭取。这时，又有探马来报，荆州守军和襄阳守军都被诸葛亮用计调出，城池已都被刘备夺取。周瑜十分愤怒："不杀诸葛村夫，怎息我心中怨气！"

　　孔明二气周公瑾。刘备取了荆州之地后，周瑜要鲁肃去讨说法，刘备狡辩道荆州是刘表的地盘，如今刘表虽然死了，可是他儿子还活着，我作叔叔的辅佐侄子取回自己的地盘怎么不行？这听起来似乎有理，但不久刘表之子刘琦死了。鲁肃再去讨时，孔明又一席强辩，说什么刘备是皇族，本就该有土地，何况刘备还是刘表的族弟，这是弟承兄业，刘备在赤壁之战中也曾尽力之类的话。令鲁肃这个老实人不知道如何应答。到最后，终于说荆州算暂时借东吴的，但要取了西川再换，还立下文书。此时刘备夫人去世，周瑜便鼓动孙权用嫁妹（孙尚香）之计将刘备赚往东吴而谋杀之，继而夺取荆州，但不想此计被诸葛亮识破，便将计就计让刘备与吴侯之妹成了亲。当岁末年终，玄德依孔明之计携夫人几经周折离开东吴时，周瑜亲自带兵追赶，却被云长、黄忠、魏延等将追得无路可走，蜀国岸上军士齐声大喊："周郎妙计安天下，陪了夫人又折兵！"把周瑜气得再次金疮迸裂。

　　孔明三气周公瑾。过了一段时间，刘备没有丝毫取川的迹象，此时曹操为了瓦解孙刘联盟，表奏周瑜为南郡太守，程普为江夏太守。于是周瑜再遣鲁肃去讨荆州。孔明再次狡辩一番，为自己找理由。周瑜设下"假途灭虢"之计，名为替刘备收川，其实是夺荆州，不想又被孔明识破。周瑜上岸不久，就有几路人马杀来，都言道"活捉周瑜"，周瑜气得箭疮再次迸裂，昏沉将死，临终作书与孙权荐鲁肃代己之职，同时，聚众将曰："吾非不欲尽忠报国，奈天命已绝矣。汝等善事吴侯，共成大业。"死前，仰天长叹："既生瑜，何生亮！"

舌战群儒

曹操大兵压境、虎视眈眈，在这危急关头，诸葛亮自请出使东吴，意在促成孙刘联盟，共同抵抗曹操。这样，就发生了《三国演义》中著名的"诸葛亮舌战群儒"的精彩的外交场面。一次成功的外交活动，使联吴抗曹的统一战线得以形成。

"诸葛亮舌战群儒"是口才、学识的较量，也更是敏捷的思维和胆识的较量，这一段对话非常精彩，经常被后人津津乐道。可以说是"三寸不烂之舌，强于百万之师"的有力佐证！

"诸葛亮舌战群儒"，其实是诸葛亮说服孙权抗击曹操的一个序曲。当时在东吴的阵营中，对于曹操的百万雄兵压境，文臣武将有两派主张，即投降派和主战派。投降派的代表人物就是张昭、顾雍、虞翻、步骘、薛综等，要说服吴侯孙权，不说服这些整天在孙权耳边散布曹操威胁论、散布曹兵不可战胜论，并吵嚷着要投降的一班文臣谋士是不行的。但要说服这些满腹经纶的人物，也决非是一件易事！且看诸葛亮是怎样一步步取得论辩的胜利的。

第一个上来发难的是东吴谋士中的一号人物张昭，这个人是孙策手下的老臣，当时孙策临死，嘱咐孙权"内事不决问张昭，外事不决问周瑜。"可见这个人物在东吴的地位！

张昭的发难尖刻而锋芒毕露，简直就是一个下马威！虽然他的言辞带有羞辱和人身攻击的特点，但仍不失儒生的礼仪和客套，他采取诱敌深入的策略，一步步逼迫孔明承认自己无能，最终达到羞辱孔明、杀一杀孔明傲气的目的。他和孔明斗了三个回合，但最后不得不甘拜下风，弄了个聪明反被聪明误，最终被孔明含沙射影地讽刺了一通，只能暗暗地喊肚子疼。

第一个回合：张昭先以言挑之曰："昭乃江东微末之士，久闻先生高卧隆中，自比管、乐。此语果有之乎？"孔明曰："此亮平生小可之比也。"

张昭先投石问路，听说阁下经常自比管仲乐毅，是这样吗？张昭的试探之语，如果换了别人来回答，大概会说，不敢当！哪里哪里！那都是别人瞎说的，我怎敢自比管仲乐毅啊？但诸葛亮毫不客套、毫不退避，沉着应答，将话锋接了个正着，是啊，这只是我的小可之比。看来诸葛亮的口气很大，底气也十足！

张昭暗自高兴，这正是他需要的回答。心想，果然不出所料，孔明这小子还是年轻啊，看来这个小子一下子就进套了、中计了，于是他步步紧逼，开始了第二个回合的发难。

昭曰："近闻刘豫州三顾先生于草庐之中，幸得先生，以为如鱼得水，思欲席卷荆襄。今一旦以属曹操，未审是何主见？"

答曰："吾观取汉上之地，易如反掌。我主刘豫州躬行仁义，不忍夺同宗之基业，故力辞之。刘琮孺子，听信佞言，暗自投降，致使曹操得以猖獗。今我主屯兵江夏，别有良图，非等闲可知也。"

这一次，张昭说到了当前的政局，想以当前刘备失败的事实逼迫孔明承认自己无能。不是吗？刘备得了你孔明，说他如鱼得水，准备大展宏图于天下，但却连自己驻扎的荆州也守不住，如今已被曹操夺去了，不知你们高层是怎么策划和决策的？

但孔明仍然底气十足，十分沉稳，是的，我们暂时处于不利形势，但那些失利都是客观原因造成的，如果要胜利那还不是易如反掌吗？至于我们暂时屯兵江夏，那是为了别有良图，至于下一步采取什么策略，这是军事机密，不是等闲之辈可以知道的。恕我无可奉告！

两个回合下来，张昭越发得手，他暗自得意，心想孔明你小子还是年幼无知，你已不知不觉已经进了我的圈套。既然你已经承认自己曾经自比过管乐二人，那我就将管乐二人的在历史上建立的丰功伟绩和你目前的狼狈状况作一番比较，我看你接下来怎么答复，看你不出洋相才怪呢?！

昭曰："若此，是先生言行相违也。先生自比管、乐，管仲相桓公，霸诸侯，一国天下，乐毅扶持微弱之燕，下齐七十余城，此二人者，真济世之才也。先生在草庐之中，但笑傲风月，抱膝危坐。今既从事刘豫州,当为生灵兴利除害,剿灭乱贼。且刘豫州未得先生之前,尚且纵横寰宇,割据城池,今得先生,人皆仰望。虽三尺童蒙,亦谓彪虎生翼,将见汉室复兴,曹氏即灭矣。朝廷旧臣,山林隐士,无不拭目而待,以为拂高天之云翳,仰日月之光辉,拯民于水火之中,措天下于衽席之上,在此时也。何先生自归豫州,曹兵一出,弃甲抛戈,望风而窜,上不能报刘表以安庶民,下不能辅孤子而据疆土,乃弃新野,走樊城,败当阳,奔夏口,无容身之地,是豫州既得先生之后,反不如其初也。管仲、乐毅,果如是乎?愚直之言,幸勿见怪!"

言辞如此尖刻,观点如此咄咄逼人,羞辱和人身攻击并用,如疾风骤雨一般向孔明袭来且看孔明如何应答。

孔明听罢,哑然而笑曰:"鹏飞万里,其志岂群鸟能识哉?譬如人染沉疴,当先用糜粥以饮之,和药以服之,待其腑脏调和,形体渐安,然后用肉食以补之,猛药以治之,则病根尽去,人得全生也。若不待气脉和缓,便投以猛药厚味,欲求安保,诚为难矣。吾主刘豫州,向日军败于汝南,寄迹刘表,兵不满千,将止关、张、赵云而已,此正如病势尪羸已极之时也,新野山僻小县,人民稀少,粮食鲜薄,豫州不过暂借以容身,岂真将坐守于此耶?夫以甲兵不完,城郭不固,军不经练,粮不继日,然而博望烧屯,白河用水,使夏侯惇,曹仁辈心惊胆裂:窃谓管仲、乐毅之用兵,未必过此。至于刘琮降操,豫州实出不知;且又不忍乘乱夺同宗之基业,此真大仁大义也。当阳之败,豫州见有数十万赴义之民,扶老携幼相随,不忍弃之,日行十里,不思进取江陵，甘与同败，此亦大仁大义也。寡不敌众，胜负乃其常事。昔高皇数败于项羽，而垓下一战成功，此非韩信之良谋乎？夫信久事高皇，未尝累胜。盖国家大计，社稷安危，是有主谋。非比夸辩之徒，虚誉欺人，坐议立谈，无人可及，临机应变，百无一能。诚为天下笑耳！"这一番言语，说得张昭并无一言回答。

这时候，孔明还是不躁不怒，不温不火，沉着冷静，谈笑自若。孔明淡淡地一笑，先是打了一个比喻，表明自己的心胸和平生抱负，把话题轻轻宕开，使僵持的充满火药味的气氛有所缓和，也为自己换回了很大的面子，大鹏鸟展翅翱翔万里，它的志向岂是那些小鸟们能知道的？

然后，孔明用比喻论证自己的观点，证实了自己的非凡的谋略和军事才能，证明自己与管乐二人比较，有过之而无不及。随后又用事例论证，指出刘备集团暂时失利的原因，和预期取胜的希望，最后孔明反客为主，反戈一击，含沙射影地指责像张昭之流只是夸辩之徒，虚誉欺人之辈，虽然坐议立谈，无人可及，但是临机应变，百无一能。

三个回合下来，张昭被弄了个无言以对，自取其辱。真是聪明反被聪明误！斗败了张昭，孔明已经取得了一大半的胜利，接下来，谁会出来发难呢？这个人就是虞翻。他说："今曹公兵屯百万，将列千员，龙骧虎视，平吞江夏，公以为何如？"孔明说："曹兵乃蚁聚乌合之众，虽百万不足惧也。"虞翻接着说，你们累战累败，还说什么不惧，这不是吹牛，说大话吗?！

其实，孔明已经看出了他是持"曹兵威胁论"的一个谋士，于是他抓住这一特点，一针见血，直指他的痛处，指出他的指导思想上的空虚和谬误："刘豫州以数千仁义之师，安能敌百万残暴之众？退守夏口，所以待时也。今江东兵精粮足，且有长江之险，犹欲使其主屈膝降贼，不顾天下耻笑。由此论之，刘豫州真不惧操贼者矣！"虞翻不能对。

是的，我们在抵抗曹兵中曾经失败过，但我们几千人的微弱兵力都不怕曹操的虎狼之师，你们江东兵精粮足，还有长江的天险在屏障，但却人人怕得要死，个个都在唆使主子屈膝投降，你们这样胆小如鼠，还有什么脸面在世间为人？虞翻当然无话可对。

第三个上来发难的是步骘，他直接讥讽孔明是苏秦张仪之流，是一个只会舌辨的谋士。孔明没有辩驳，接住话锋，说，就是苏秦张仪，还有匡扶人国之谋，也不像你们这些怕死鬼只知道投降，你们有什么资格嘲笑苏秦张仪之流？！把这个步骘说的无言以对，满面羞惭！

第四个发难的是薛综。其实这个薛综持的是"王朝兴衰论"，指出汉室的灭亡、曹操的兴盛是不可阻挡的历史规律。所以东吴不可逆历史潮流而行事。言下之意，那就是只有投降才是上策！

平心而论，这一观点是有道理的。孔明是何等聪明之人，他怎会不知道这个王朝兴衰的道理？他在隆重对策时不就分析了曹操的实力了吗？——"此诚不可与争锋"，但这时候孔明是不能就范的！于是孔明抛出了王朝正统观点论，不仅仅是反唇相讥，我看几乎是诅咒和辱骂："薛敬文安得出此无父无君之言乎！夫人生天地间，以忠孝为立身之本。公既为汉臣，则见有不臣之人，当誓共戮之，臣之道也。今曹操祖宗叨食汉禄，不思报效，反怀篡逆之心，天下之所共愤，公乃以天数归之，真无父无君之人也！不足与语！请勿复言！"薛综满面羞惭，不能对答。这一骂，骂得有理有据，骂得痛快淋漓！而且又极符合当时的儒家正统学说，当然薛综无言以对，只有白白地挨骂了！

　　第五个上来发难的是陆绩。他的观点是"等级门第论"。他说什么曹操是相国曹参之后，而刘备乃是织席贩履之夫，怎能与曹操相抗衡？

　　看来这个陆绩是想用等级观念来羞辱刘备、诸葛亮。诸葛亮轻而易举就将它的观点驳倒了，并以事实论证，指出这是狗眼看人低的小儿之语："曹操既为曹相国之后，则世为汉臣矣；今乃专权肆横，欺凌君父，是不惟无君，亦且蔑祖，不惟汉室之乱臣，亦曹氏之贼子也。刘豫州堂堂帝胄，当今皇帝，按谱赐爵，何云无可稽考？且高祖起身亭长，而终有天下；织席贩屦，又何足为辱乎？公小儿之见，不足与高士共语！"

　　第六个上来发难的是严畯，他批驳孔明强词夺理，谈得不是正论，并质问孔明平时治何经典。看来是想用"学院派"来标榜自己，并批评孔明没有什么学识。第七个上来发难的是程德枢，他批评孔明好为大言，爱吹牛，大概并没有多少真才实学。这两个看来都是"学院派"的，都是想用经典和学问来压倒孔明。

　　没想到孔明的一番话，用雄辩的不可反驳的语言反击了那些只有书本知识，没有实践经验的"世之腐儒"、"小人之儒"，说他们只知道"寻章摘句，唯务雕虫，专工翰墨、好后穷经，笔下虽有千言，胸中实无一策"。说的这两位学院派的人物无言以对！

欣赏完了诸葛亮舌战群儒，再说说诸葛亮出使江东的真正意图。虽然孔明口口声声说什么刘皇叔是汉室之胄，领导的军队是匡扶汉室的正义和仁义之师，而且面对曹操的百万雄师是如何如何的不畏强敌，是如何如何的勇敢，是多么的视死如归，但冷静观之，这只是外交上的辞令，是言不由衷的蛊惑人心之语，因为他内心里却打着另外一个如意算盘。那是什么呢？

诸葛亮自有他自己的不可告人的秘密。作为刘备的军师，他自然要为刘备集团着想，要抓住有利战机，在曹操与孙权的南北军的战争中渔利！因为他也知道自己的军队和兵力只有几千人，将领也只有关、张、赵等人，而关羽的一万人，也是他借人家刘琦的。其实，所以诸葛亮的阴谋目的在于："亮借一帆风，直至江东，凭三寸不烂之舌，说南北两军互相吞并。若南军胜，共诛曹操以取荆州之地；若北军胜，则我乘势以取江南可也。"

也就是说，诸葛亮的用心是险恶的！他其实是想说服孙权，想让他与曹操大战一场，自己则坐山观虎斗，然后于中取事，坐收渔翁之利！这就是诸葛亮的本来面目，这与他舌战群儒时使用的外交辞令是有很大的区别的！

总之，诸葛亮舌战群儒就像交响乐的一个雄壮而华丽的序曲，是他出使东吴的外交活动的一个序幕，但这一序幕的出色上演，是诸葛亮才学的又一次出色表现，使诸葛亮在三国中的知名度更高了！诸葛亮通过分析天下形势，分析敌我的军事实力，以雄辩的口才舌战群儒、智激吴侯孙权和都督周瑜，最终促成了孙刘联盟，促成了孙刘联合抗曹的统一战线，因此诸葛亮这一次外交活动是非常成功的，也是非常具有战略意义的！

空城计

三国时期，诸葛亮因错用马谡而失掉战略要地——街亭，魏将司马懿乘势引大军 15 万向诸葛亮所在的西城蜂拥而来。当时，诸葛亮身边没有大将，只有一班文官，所带领的五千军队，也有一半运粮草去了，只剩 2500 名士兵在城里。众人听到司马懿带兵前来的消息都大惊失色。诸葛亮登城楼观望后，对众人说："大家不要惊慌，我略用计策，便可教司马懿退兵。"诸葛亮巧用空城计，于是，诸葛亮传令，把所有的旌旗都藏起来，士兵原地不动，如果有私自外出以及大声喧哗的，立即斩首。又叫士兵把四个城门打开，每个城门之上派 20 名士兵扮成百姓模样，洒水扫街。诸葛亮自己披上鹤氅，戴上高高的纶巾，领着两个小书童，带上一张琴，到城上望敌楼前凭栏坐下，燃起香，然后慢慢弹起琴来。司马懿的先头部队到达城下，见了这种气势，都不敢轻易入城，便急忙返回报告司马懿。司马懿听后，笑着说："这怎么可能呢？"于是便令三军停下，自己飞马前去观看。离城不远，他果然看见诸葛亮端坐在城楼上，笑容可掬，正在焚香弹琴。左面一个书童，手捧宝剑；右面也有一个书童，手里拿着拂尘。城门里外，20 多个百姓模样的人在低头洒扫，旁若无人。司马懿看后，疑惑不已，便来到中军，今后军充作前军，前军作后军撤退。他的二子司马昭说："莫非是诸葛亮家中无兵，所以故意弄出这个样子来？父亲您为什么要退兵呢？"司马懿说："诸葛亮一生谨慎，不曾冒险。现在城门大开，里面必有埋伏，我军如果进去，正好中了他们的计。还是快快撤退吧！"于是各路兵马都退了回去。诸葛亮的士兵问道："司马懿乃魏之名将，今统 15 万精兵到此，见了丞相，便速退去，何也？"，他说："兵法云，知己知彼. 方可百战不殆. 如果是司马昭和曹操的话，我是绝对不敢实施此计的。"

鲍叔荐管仲

春秋时，齐襄公被杀后，公子小白和公子纠为争夺王位而战。鲍波助小白，管仲助纠。双方交战中，管仲曾用箭射中了小白衣带上的钩子，小白险遭丧命。后来小白做了齐国国君，即齐桓公。

齐桓公执政后，任命鲍叔牙为相国。可鲍叔牙心胸宽广，有智人之明，坚持把管仲推荐给桓公。他说："只有管仲能担任相国要职，我有五个方面比不上管仲：宽惠安民，让百姓听从君命，我不如他，治理国家，能确保国家的根本权益，我不如他；讲究忠信，团结好百姓，我赶不上他；制作礼仪，使四方都来效法，我不如他；指挥战争，使百姓更加勇敢，我不如他。"齐桓公也是宽容大度的人，不记射钩私仇，采纳了鲍叔牙的建议，重用管仲，任命他为相国。管仲担任相国后，协助桓公在经济、内政、军事方面进行改革，数年之间，齐转弱为强，成为春秋前期中原经济最发达的强国，齐醒公也就了"九合诸候，一匡天下"的霸业。在这里我们应明白宽容的那句名言，宽容是"一只脚踩扁紫罗兰，它却把那香味留在脚上。"

东施效颦

西施是中国历史上的"四大美女"之一，是春秋时期越国人，她的一举一动都十分吸引人，只可惜她的身体不好，有心痛的毛病。有一次，她在河边洗完衣服准备回家，就在回家的路上，突然胸口疼痛，所以她就用手扶住胸口，皱着眉头。虽然她的样子非常难受不舒服，但是见到的村民们却都在称赞，说她这样比平时更美丽。

同村有位名叫东施的女孩，因为她的长相并不好看，她看到村里的人都夸赞西施用手扶住的样子很美丽，于是也学着西施的样子扶住胸口，皱着眉头，在人们面前慢慢地走动，以为这样就有人称赞她。她本来就长得丑，再加上刻意地模仿西施的动作，装腔作势的怪样子，让人更加厌恶。有人看到之后，赶紧关上大门；有些人则是急忙拉妻子和孩子躲得远远的，他们比以前更加瞧不起东施了！

一鸣惊人的故事两则

一

春秋时期，先后有五个国家称霸中原，史称"春秋五霸"。在"五霸"当中，以楚国的地域最大、人口最多，物产最丰，文化最盛。楚庄王称霸中原，不仅使楚国强大，威名远扬，也为华夏的统一，民族精神的形成发挥了巨大的作用。

楚庄王据载生年不详，卒于公无前591年，又称荆庄王，熊氏，名旅（一作吕，侣），春秋时楚国最有作为的国君，中原五霸之一。郢都即今江陵纪南城人，楚穆王之子，公元前614年继位。登位三年，不发号令，终日郊游围猎，沉湎声色，并下命："有敢谏者，死无赦！"大夫伍参冒死进谏，逢庄王左抱郑姬，右抱越女，坐钟鼓之间。伍参请猜谜语："有鸟止于阜，三年不飞不鸣，是何鸟也？"庄王答："三年不飞，飞将冲天；三年不鸣，鸣将惊人！"但数月之后，庄王依然依旧，享乐更甚。大夫苏从又进谏。庄王抽出宝剑，要杀苏从。苏从无所畏惧，坚持劝谏。于是，庄王罢淫乐，亲理朝政，并举伍参、苏从担任要职。这就是"一鸣惊人"的来历，后任用孙叔敖为令尹，讲求得失，稳定了政局，发展了生产，从而为楚国的争霸奠定了基础。

庄王三年即公元前 611 年，国内发生灾荒，戎人骚扰，附属的庸国、麋国勾结百濮叛楚。庄王集中力量伐灭威胁最大的庸国，又吞并了麋国，控制局面，增强了国力。此后，又极力整顿内政，任用贤才，厉行法治，加强兵备，使楚国出现一派国富兵强的景象。

公元前 606 年，楚庄王率军北上，在周的直辖区耀武扬威，并遣使问象征王权的九鼎之轻重，大有取周而代之的气势。

公元前 597 年，楚军围郑，连攻三个月，破郑都。晋遣兵来救，与楚军大战于邲（河南荥阳东北），结果大败。战后，楚庄王饮马黄河，雄视北方。隔了两年，楚又借故围攻宋国，迫使其屈服。这时，中原诸小国，又相继依附楚国，楚庄王一时做了中原盟主。庄王二十年即公元前 594 年冬，楚、鲁、蔡、许、秦、宋、陈、卫、郑、齐、曹、邾、薛、鄫等十四国在蜀（今山东泰安西）开会结盟，正式推举楚国主盟，楚庄王遂成为称雄中原的霸主。

二

战国时代，齐国有一个名叫淳于髡的人。他的口才很好，也很会说话。他常常用一些有趣的隐语，来规劝君主，使君王不但不生气，而且乐于接受。当时齐国的齐威王，本来是一个很有才智的君主，但是，他即位以后，却沉迷于酒色，不管国家大事，每日只知饮酒作乐，而把一切正事都交给大臣去办理，自己则不闻不问。因此，政治不上轨道，官吏们贪污失职，再加上各国的诸侯也都趁机来侵犯，使得齐国濒临灭亡的边缘。虽然，齐国的一些爱国之人都很担心，但是，却都因为畏惧齐王，所以没有人赶出来劝谏。其实齐威王是一个很聪明的人他很喜欢说些隐语，来表现自己的智慧，虽然他不喜欢听别人的劝告，但如果劝告得法的话，他还是会接受的。淳于髡知道这点后，便想了一个计策，准备找个机会来劝告齐威王。有一天，淳于髡见到了齐威王，就对他说："大王，为臣有一个谜语想请您猜一猜：某国有只大鸟，住在大王的宫廷中，已经整整三年了，可是他既不振翅飞翔，也不发生名叫，只是毫无目的的蜷伏着，大王您猜，这是一只什么鸟呢？"齐威王本是一个聪明人，一听就知道淳于髡是在讽刺自己，像那只大鸟一样，身为一国之尊，却毫无作为，只知道享乐。而他实在也不是一个昏庸的君王，于是沉吟了一会儿之后便毅然的决定要改过，振作起来，做一番轰轰烈烈的事，因此他对淳于髡说："嗯，这一只大鸟，你不知道，它不飞则已，一飞就会冲到天上去，它不鸣则已，一鸣就会惊动众人，你慢慢等着瞧吧！"从此齐威王不在沈迷于饮酒作乐，而开始整顿国政。首先他召见全国的官吏，尽忠负责的，就给予奖励；而那些腐败无能的，则加以惩罚。结果全国上下，很快就振作起来，到处充满蓬勃的朝气。另一方面他也着手整顿军事，强大武力，奠定国家的威望。各国诸侯听到这个消息以后都很震惊，不但不敢再来侵犯，甚至还把原先侵占的土地，都归还给齐国。齐威王的这一番作为，真可谓是"一鸣惊人"呀！所以后来的人便把"一鸣惊人"这句成语用来比喻一个人如有不平凡的才能，只要他能好好的运用，一旦发挥出来，往往有惊人的作为。

张良学艺

有一天，张良正悠闲地在桥上散步，忽然有位穿着粗布短衣的老人走到他跟前，当着他的面故意把脚上的草鞋丢到了桥下。随后老人看着张良说："小子，去把鞋给我捡回来！"

张良愣了一下，十分不解，但是看他年老衣破，顿生怜悯，就真的走到桥下取回了鞋子。

上来之后，老人坐在桥头，眼皮也不抬一下就说："给我穿上。"张良虽然觉得奇怪，但还是跪在地上，帮老人穿上了草鞋。穿好之后，老人笑了几笑，也不道谢，抬脚就走。张良念他是个老人家，也不放在心上。谁知刚走几步，老人又转过身来，对着张良招了招手，示意他到跟前儿来。

张良便乖乖地走上前去，老头和蔼地对他说："我看你这娃不错，值得教导。五天后天一亮，你在这里等我。"

张良恭敬地行了个礼，答应了老人。

五天后，天刚刚亮，张良一来到桥上，就看见那个老人已经坐在桥头等他了。老人见到张良来了，很生气地说："现在天已经亮了，年轻人这么不守信用，和长辈约会还迟到，长大后还能有什么作为？再过五天吧，鸡叫的时候来见我。"说完，老人径自走了。

又过了五天，鸡刚叫，张良就来到了桥上，可是老人又已经先到那里了。老人十分生气地说："我已经听见三声鸡叫了，你怎么才来？看来你还得等五天。"两次都落在老人后面，张良自己也感到很惭愧，便暗下决心，下回一定不能再迟到了。

五天的时间很快到了，这次，张良半夜就到桥上去等着那个老人。一会儿，老人也来了，他高兴地说："年轻人要成大事，就要遵守诺言，说什么时候到就什么时候到。"接着老人从怀里掏出一本又薄又破的书，对张良说："读了这本书，你就可以成为皇帝的老师。你看着，我的话会在十年后应验的。"说完，老人就离开了，从此以后再也没有出现过。

好容易天亮了，张良赶紧打开老人送的那本书，原来是《太公兵法》。张良非常高兴，开始认真学习。同时，他还记住了老者的教诲，严格要求自己，立志做一个信守诺言的人。

后来，老人的话果真应验了，张良帮助刘邦完成了统一大业，成为了历史上赫赫有名的将领。

推敲的典故

唐代诗人贾岛，字阆仙（一作浪仙），年轻时因考试不中，曾出家当过和尚，法名无本。后来又还俗应试，到底没有考进"进士"，只做过"长江主簿"等小官，一生穷愁潦倒。他的诗风格清丽，非常注重锻字炼句。《隋唐嘉话》、《唐诗纪事》和《苕溪渔隐丛话》都载有他的这样一则故事：贾岛因赴考到京（长安）。一天，骑着驴，一边走，一边吟诗，忽然得了两句道："鸟宿池边树，僧推月下门。"

贾岛自己觉得这两句还不错。可是，又觉得下句"推"字不够好：既是月下的夜里，门早该关上，恐怕推不开了，不如改为"僧敲月下门"。心里这么琢磨着，嘴里也就反复地念着："僧推……"、"僧敲……"，他的右手也不知不觉地随着表演起来：一会儿伸手一推，一会儿举手作敲的姿势。这时，著名的大作家、"京兆尹"兼"吏部侍郎"韩愈恰巧从这儿经过，随从仪仗，前呼后拥地过来了。按当时规矩，大官经过，行人必须远远回避让路，否则就要犯罪。贾岛这时正迷在他的那句诗里，竟没有发觉，等到近身，回避也来不及了，当即被差役们扭住，带到韩愈马前。韩愈问明原委，不但没有责备贾岛，还很称赞他认真的创作态度。对于"推"、"敲"两字，韩愈沉吟了一下，说："还是'敲'字好。"两人于是并骑而行，谈了一些关于诗文写作的问题。从此成了朋友。成语"推敲"的出典，就是由于这个故事。后来，形容反复地研究措词、斟酌字句，就叫"推敲"。上述贾岛的诗句，见《题李凝幽居》，是一首五律，全诗如下：

闲居少邻并，草径入荒原。

鸟宿池边树，僧敲月下门。

过桥分野色，移石动云根。

暂去还来此，幽期不负言。

背信弃义的结果

晋惠公早年落难逃亡到秦国，得到了秦的救助，晋惠公曾许诺：他复国后答应将河西五城给秦国，可是，当他在秦国的护送下回国即位后，竟然毁约不给秦国五城。不料，晋国连续五年大闹旱灾、饥荒，晋国粮库空虚，老百姓四处逃荒。晋惠公听从了大臣们的建议，只得硬着头皮向秦穆公求援。穆公为晋侯背信弃义正恼羞成怒，不答应救援。秦大夫公孙枝进谏道："是晋侯背约，晋国的老百姓是无辜的呀。现在正是晋国的老百姓在受灾，我们应该援助他。"，穆公听从了公孙枝的意见，答应了晋惠公的要求，解决了晋国的饥荒，受到晋国民众的感激。

第二年开始，秦国却也闹起了旱灾、饥荒，原本用来防御饥荒的国库粮食，先前都救援晋国饥荒去了，秦国民心、军心不由大乱。而晋国当年恰恰是个大丰收年，于是，穆公派人到晋国求援。晋国大夫却（音：系）芮、虢射等唆使惠公拒绝给秦国的救援，并趁秦国大闹荒灾、国情大乱之际，联合梁国去攻打秦国，必有所获。晋惠公果然背信弃义，不听良谏，却听取了虢射等人的建意见，趁秦国荒灾大举进攻之；秦国也只得率三军应战。激战中，穆公险些被晋军俘获，后来幸被山野土著人救出。由于晋军失道寡助，军心不振，并且，秦军英勇作战，其将领百里奚、公孙枝、公子絷三人足智多谋，最后，秦军取得全胜，晋惠公也被秦军俘获。只可惜，惠公本想"趁火打劫"于秦国，捞取些利益，却反遭兵败如山、自身不保，这也是他背信弃义、妄自尊大的必然结果。

第三章　奇人轶闻

诸葛亮智激周瑜

　　杜牧有诗云："东风不与周郎便，铜雀春深锁二乔"。这首写赤壁之战的诗中已隐隐地透露出赤壁之战与二乔的关系。汉献帝建安十三年，曹操统一北方后雄心万丈，经过周密的准备，向南进兵，目标首先就是荆州。当时刘备已死，刘备的儿子刘琼举众而降，刘备败走，江东的孙权也危在旦夕，如果孙、刘联合与曹军决战，胜败尚不可知，如果单独行动，就极有可能被各个击破。是战是和，当时吴国境内却有两派，而决定关健就看周瑜。《三国演义》里对诸葛亮舌战群儒写得十分精彩，而事实上最管用的一着棋却是诸葛亮和鲁肃夜访周瑜。当时周瑜正在邵阳湖训练水师，鲁肃见到周瑜开门见山地说："曹操驱兵南侵，传檄至此，欲与主公会猎于江夏，显有并吞之意，和战二策，主公不能决，将军之意若何？"

　　周瑜回答："曹操挟天子之名，其师不可拒，其势力亦不可轻敌！"鲁肃大不以为然地说："伯符遗言，内事不决问张昭，外事不决问周瑜，今正欲赖将军以保全国家啊！"两人争执不休，诸葛亮一言不发，眼看双方就要翻脸，不觉哈哈大笑起来，引得周瑜问他："先生何故发笑？"

诸葛亮从容回答："我笑鲁肃不识时务罢了！试想曹操极善用兵，天下莫敢当。向来只有吕布，袁术，袁绍敢与对敌，今数人都被曹操所灭，天下无人了啊！只有刘备不识时务，强与争衡，如今孤身江夏，存亡未保。将军决计降曹，可以保妻子。可以全富贵，国祚迁移，又有什么值得可惜的呢！"

鲁肃傻乎乎地问："你怎么一下子又转过来叫我去投降呢？"诸葛亮仍然不急不慢地说："我有一计，不必牵羊担酒，纳土献印，用不着国家投降，只须派一个使者，扁舟送两个人到江上，曹操得到这两个人，百万之众就会卸甲卷旗退走！"

周瑜一听，十分新鲜，急问："用哪两个人，可退曹兵？"

诸葛亮仍然拐弯抹角地卖关子："江东去此二人，如大树之飘一叶，太仓之减一粟，但曹操获得了，一定会大喜而去。"

就这样胃口吊尽之后，诸葛亮才慢条斯理继续说："我还住在隆中的时候，就听说曹操在漳河新造一台，起名铜雀台，极其壮丽，广选天下美女充实在里面。曹操是个好色之徒，听说江东乔国老有两个女儿，有沉鱼落雁之容，闭月羞花之貌，所以发誓：

"吾一愿扫平四海，以成帝业；一愿得江东二乔，置之铜雀台，以乐晚年，虽死无恨！"现在他弓陌万之众，虎视江南，其

实只是为此二女，将军何不去寻乔公，以千金买此二女，差人送
与曹操？曹操得到这两个女子，称心满意，一定班师而去，这是
范蠡献西施的计，将军还不赶快执行。"

周瑜问道："曹操想得二乔，有何证据？"

诸葛亮不慌不忙地说："曹操的儿子曹植曾奉曹操的命令作
《铜雀台赋》，文中写道：'揽二乔于东南兮，乐朝夕之与共'。"

话到此处，周瑜已气得脸红脖子粗，诸葛亮故意装作满头雾
水似的问："汉天子常以公主和亲，你现在怎么可惜起两个民间
女子来了呢？"

周瑜说道："公有所不知，大乔是孙策的妻子，小乔就是我
的妻子。"

就这样诸葛亮装疯卖傻，激怒了东吴的决策人物，把东吴拖
向赤壁战场，直接承担了曹操的强大压力，才使得立足未稳的刘
备，获得一个喘息的机会。

虽说孙刘联合，诸葛亮功不可没，但没有二乔又怎能做到这
一点呢？没有孙刘的联合，又哪有赤壁之战的胜利。

纪晓岚笑释题联

有一年春节，纪晓岚回家乡探亲，左邻右舍少不了过来探
望。出于礼尚往来，纪晓岚也到各家去串门。

在一位邻居家，主人和他的三个儿子热情地接待了纪晓岚。

过了一会儿，主人看纪晓岚要走，忙拦住他说："纪大学士才华横溢，如果您能给我家题写一副春联，定能让寒舍蓬荜生辉。"

纪晓岚非常爽快地答应了。他认真思索了一下，便根据这家人的职业，提笔写下了一副春联：

惊天动地门户

数一数二人家

横批：先斩后做

主人如获至宝，赶紧把春联贴在门前，让人们观赏。

俗话说，嗑瓜子嗑出个臭虫来——什么人（仁）都有。有人偏偏看出了这副春联里有大逆不道的内容，便秘密地汇报给了乾隆皇帝。

乾隆听说纪晓岚在老家题写春联，欺君犯上，虽然不太相信，但还是命人传纪晓岚进宫，让他把这件事情说清楚。纪晓岚听说皇帝为这副对联传他，便哈哈大笑起来。

乾隆不解地问："到底有没有这件事？"

纪晓岚说："回陛下，没错，春联是我写的。不过，我写的句句是实，没有半点儿欺君的意思。"

乾隆越发不明白了，让纪晓岚赶快解释清楚。

纪晓岚说："这家主人有三个儿子，长子以卖爆竹为生，所以说，他家是'惊天动地门户'；次子在集市上负责卖粮时数斗，每天都要'一斗、二斗'地数，所以叫'数一数二人家'。他家老三是卖烧鸡的，自然要'先斩后做'啦。"

乾隆听了，也哈哈大笑起来，不但没有治纪晓岚的罪，反而一个劲儿地夸奖他有才。

纪晓岚讽对石先生

清代文学家纪晓岚自幼聪颖好学，兴趣甚广。他的私塾老师石先生是个非常古板的老学究，晓岚对他很反感。一天晓岚去喂养家雀，将砖墙挖一深洞，喂饱家雀后便将它送回洞内，堵上砖头，以防飞走。后来，被石先生发现，便把家雀摔死，仍旧送回洞内堵好，并在墙上戏书一联：

细羽家禽砖后死；

当晓岚再去喂家雀时，发现它已经死了。心里正在疑惑，忽见墙上有一对联，他断定这是石先生所为，于是续写了下联：

粗毛野兽石先生。

石先生见了大为恼火，觉得晓岚不该辱骂老师，于是手势教鞭责问晓岚。只见晓岚从容不迫地解释说，"我是按着先生的上联套写的。有'细'必有'粗'，有'羽'必有'毛'，有'家'

必有'野'，有'禽'必有'兽'，有'砖'必有'石'，有
'后'必有'先'，有'死'必有'生'。所以，我便写了粗毛野
兽石先生，如不应这样写，请先生改写一下吧。"

石先生捻着胡子想了半天，也没有想出满意的下联，最后无
可奈何地叹了口气，扔下教鞭，拂袖而去。

哑联兴味

苏东被贬黄州后，一居数年。一天傍晚，他和好友佛印和尚
泛舟长江。苏轼忽然用手往左岸一指，笑而不语。佛印顺势望
去，只见一条黄狗正在啃骨头，顿有所悟，随将自己手中题有苏
东坡诗句的蒲扇抛入水中。两人面面相觑，不禁大笑起来。

原来，这是一副哑联。

苏轼上联的意思是：

狗啃河上（和尚）骨；

佛印下联的意思：

水流东坡尸（东坡诗）。

老地主篡改旧楹联

相传，有这样一位老地主，他粗通文墨而又极喜附庸风雅。

一天，他为母亲祝寿，大开筵宴，悬灯结彩。想在门口贴副大红对联，却又舍不得花钱请人撰写，便叫帐房先生将常见的"天增日月人增寿，春满乾坤福满门"写出来贴在大门上。帐房先生正写时，老地主忽然想起，这是为老母祝寿，应该改得切题才好。于是，让帐房先生把上联改为：

天增日月妈增寿；

老地主看了很得意。不过，上联既然改了，下联也该相应改动才算工整。他又叫帐房先生把下联改为：

春满乾坤爹满门。

帐房先生听了，真有点哭笑不得，惊讶地问："东家，这么改可不行呀！"老地主一本正经地说："你懂个屁！'爹'对'妈'不是十分工整吗？"

纪晓岚对对联

相传，纪晓岚一次南行来到杭州，友人为他设宴洗尘。席间，照例少不了连句答对。纪晓岚才思敏捷，出口成联，友人心悦诚服，夸他为北国孤才。晓岚则不以为然，说道："北方才子，遍及长城内外；老兄之言从何谈起？"友人道："先时我曾北游，出了一联，人人摇手不对。"晓岚半信半疑，问道："老兄的出句竟如此之难？"友人道："一般。"接着，念了上联："双塔隐隐，七层四面八方；"纪晓岚听罢哈哈大笑，说："这样简单的出句，他们不屑回答，即以摇手示对！"友人不解地问："那，他们的下联是什么呢？"晓岚道："孤掌摇摇，五指三长二短。"友人听后，恍然大悟。

斗鸡山上得绝联

相传，古时有一位秀才来游桂林名胜之一——斗鸡山。他在山上纵目观望，觉得处处可爱，连山名也觉得新奇可亲。他一面游览，一面念念有词，不知不觉地哼出一句对联：斗鸡山上山鸡斗；

但是，却怎么也对不出下联来。正当他苦思冥想之时，忽然来了一位白发长者。秀才定睛一看，来者正是他的启蒙老师。因而高兴万分。师生二人叙礼之后，秀才说出内心的苦衷。老师对他说："你的上联是回音对，正读反念，其音其义都是一样。"秀才问："老师可有佳对？"老师说："我刚才游了龙隐洞，何不以此来对！"说罢，念道：龙隐洞中洞隐龙。秀才一听，极为兴奋，感叹地说："此乃天赐绝对矣！"

袁世凯对不住中国人民

窃国大盗袁世凯一命呜呼之后，全国人民奔走相告，手舞足蹈。这时，四川有一位文人，声言要去北京为袁世凯送挽联。乡人听后，惊愕不解，打开他撰写好的对联一看，写着：

袁世凯千古；
中国人民万岁！

人们看后，不禁哑然失笑。文人故意问道："笑什么?"一位心直口快的小伙子说："上联的袁世凯三字，怎么能对得住下联中国人民四个字呢?"文人听了"哧"的一声笑了起来，说："对了，袁世凯就是对不住中国人民!"

昆明大观楼对联

作者是清代康乾时诗人孙髯，著有《永言堂诗文集》，三原县人，后迁居云南。他厌恶清朝官场的黑暗腐败，不参加科举，终身贫困潦倒，晚景更惨。他写的大观楼联寓意深刻，为人所爱。联云：

五百里滇池，奔来眼底，披襟岸帻，喜茫茫空阔无边。看东骧神骏，西翥灵仪，北走蜿蜒，南翔缟素，高人韵士，何妨选胜登临。趁蟹屿螺洲，梳里就风鬟雾鬓，更苹天苇地，点缀些翠羽丹霞。莫孤负四围香稻，万顷晴沙，九夏芙蓉，三春阳柳；

数千年往事，注到心头，把酒凌虚，叹滚滚英雄谁在？想汉习楼船，唐标铁柱，宋挥玉斧，元跨革囊，伟烈丰功，费尽移山心力。尽珠帘画栋，卷不及暮雨朝云，便断碣残碑，却付与苍烟落照。只赢得几杵疏钟，半江渔火，两行秋雁，一枕清霜。

半副对联慑群魔

19 世纪末，八国联军对我国发动了疯狂的侵略战争，先后占领了天津和北京。腐败的清政府毫无抵御能力，屈膝求和。据说，在"议和"会议开始之前，某国的一位代表，想借此侮辱中国人民。于是，他对举政府的代表说："对联，是贵国特有的一种文学形式。现在我出一联，你们如能对上，我给你们磕五个头，如对不上，也应如此。"在清政府的代表未置可否之时，他脱口念出了上联：

琵琶琴瑟八大王，王王在上；

在"琵琶琴瑟"四字上面，共有八个"王"字，用来指代"八国联军"，同时，也用以炫耀征服者不可一世的狂妄气焰。在场的其它帝国主义分子听了，不约而同地发出一阵阵笑。清政府的代表中，有的呆呆地发笑；有的虽然胸有不平，但无词可答；首席代表更是怕惑不安，头晕眼花。这里，只见代表团中的一书记员，投笔而起，铿锵答对：

魑魅魍魉四小鬼，鬼鬼犯边。

"魑魅魍魉"是传说中能害人的四种妖怪，联语不公对仗工稳，而且以蔑视的口吻严厉谴责了帝国主义像害人的"小鬼"一样，经常侵犯我国主权的罪行。其它代表听了，心里出了一口气；侵略者们听后，个个愕然肃目。那位挑衅的先生听了，瞠目结舌，不得已向北半蹲半跪地磕了一个头，引起哄堂大笑。

王羲之夜贴对联

有一年新年，王羲之连贴了三次对联都被喜爱他的字的人偷偷地揭走了。临除夕，王羲之不得不又写了一副。他怕再被人揭去，就上下剪开，各先贴上一半。上联是"福无双至"，下联是"祸不单行"。这样果然奏效，人们见他写的不是吉庆红火的内容，也就不再揭了。到了新年黎明之际，王羲之又各贴了下一半，对联就成了："福无双至今日至，祸不单行昨夜行。"路人闻之，皆击掌叹绝。

司马相如和卓文君

司马相如原是汉景帝刘启（公元前156年—公元前140年在位）的侍从郎官。年轻时，好读书、学击剑，因慕战国时蔺相如的为人，改名相如。

有一回，梁孝王来京朝见景帝，跟从他一起前来的邹阳、枚乘等人，都是当时的文学名流。司马相如和他们相识之后，内心十分羡慕，于是便向景帝告病离职。经同意后，他便随同梁孝王和他的门客一起来到了梁国，做了梁王的门客。

梁孝王有一座名园——梁园。他做了梁孝王的门客之后，就经常在园中和其他宾客们一起饮酒作赋。一次，司马相如写了一篇《玉如意赋》呈给梁王，梁王十分喜悦，便赐给他一台贵重的琴，名为"绿绮琴"，琴上还刻着铭文："桐梓合精"。

司马相如本来是一个"家贫、无以为业"的人，因和临邛（县名，治所在今四川邛崃）县令王吉相友善，便经常去拜见。后经王吉的引荐，结识了临邛的大富翁卓王孙，到卓王孙家做客。

卓王孙有一个女儿名叫卓文君，当时正丧夫寡居在家；年纪十八岁，貌美而又聪慧，且琴棋书画，无所不知，无所不能。司马相如又正好还没有娶妻，又从王吉嘴里得知文君是位贤淑女子，且多才多艺，便生了求凰之心。此时，月光如水，杨柳依依，司马相如在园中对月抚琴，不禁想起卓文君，想她既然十分喜欢音乐，莫如趁此机会，表达自己的爱慕之情。因此，他边抚琴边唱起自己创作的歌诗《琴歌》二首，其一是：

凤兮凤兮归故乡，遨游四海求其凰。
时未遇兮无所将，何悟今夕升斯堂。
有艳淑女处兰房，室迩人遐毒我肠。
何缘交颈为鸳鸯，相颉颃兮共翱翔。

其二是：

凰兮凰兮从风栖，得托孳尾永为妃。
交情通体心和谐，中夜相从知者谁？
双翼俱起翻高飞，无感我思使余悲！

谁知正好一个有心，一个有意。当司马相如来到临邛的时候，卓文君就早已听说了。今天相如来到卓家做客，即席弹琴赋诗，卓文君一直在门后偷偷注视着他，心里十分喜爱司马相如的仪容才学，现在又听到他的《琴歌》，暗自想道："长卿有情，不知我文君也早已有意。"不禁大为所动，只怕自己配不上司马相如。此后，他们两人经常来往，便产生了爱慕之情。一天夜里，卓文君没有告诉父亲，就私自去找司马相如。他们一起回到成都，结了婚。这就是有名的（文君夜奔）的故事。

正当司马相如和卓文君沈浸在甜蜜的新婚日子里，卓王孙却暴跳如雷，发誓不给文君钱财。这样一来，文君和相如穷得没法过日子。他们只得回到临邛，在街上开了一家酒店，文君坐柜台打酒，相如穿上围裙，端酒送菜，洗碗刷碟子。日子虽然清苦，但两口子相敬如宾，过得和和气气，过了一些日子，卓王孙在朋友的相劝下，才消了怒气，给了文君一些钱财和奴仆，这个故事就是（文君当垆）。

自古至今，大多数男人总是令人失望。司马相如自然也不例外。当他在事业上略显锋芒，终于被举荐做官后，久居京城，赏尽风尘美女，加上官场得意，竟然产生了弃妻纳妾之意。曾经患难与共，情深意笃的日子此刻早已忘却。哪里还记得千里之外还有一位日夜倍思丈夫的妻子。文君独守空房，日复一日年复一年地过着寂寞的生活。一首《白头吟》，文曰：

皑如山上雪，皎如云间月，
闻君有两意，故来相决绝。
今日斗酒会，明旦沟水头，
躞蹀御沟止，沟水东西流。
凄凄重凄凄，嫁娶不须啼，
愿得一心人，白首不相离。
竹竿何袅袅，鱼儿何徙徙，
男儿重义气，何用钱刀为？"

表达了她对爱情的执着和向往以及一个女子独特的坚定和坚韧。也为她们的故事增添了几分美丽的哀伤。

终于某日，司马相如给妻子送出了一封十三字的信：一二三四五六七八九十百千万。聪明的卓文君读后，泪流满面。一行数字中唯独少了一个"亿"，无亿岂不是表示夫君对自己"无意"的暗示？她，心凉如水。怀着十分悲痛的心情，回了一封《怨郎诗》。

其诗曰：

一别之后，二地相悬。只说三四月，谁知五六年。七弦琴无心弹，八行字无可传，九连环从中折断，十里长亭望眼欲穿。百思念，千系念，万般无奈把郎怨。万语千言说不完，百无聊赖十依栏。九重九登高看孤雁，八月仲秋月圆人不圆。七月半，秉烛烧香问苍天，六月伏天人人摇扇我心寒。五月石榴似火红，偏遇阵阵冷雨浇花端。四月枇杷未黄，我欲对镜心意乱。忽匆匆，三月桃花随水转，飘零零，二月风筝线儿断。噫，郎呀郎，巴不得下一世，你为女来我做男。

司马相如看完妻子的信，不禁惊叹妻子之才华横溢。遥想昔日夫妻恩爱之情，羞愧万分，从此不再提遗妻纳妾之事。这首诗也便成了卓文君一生的代表作数字诗。细细品读，其爱恨交织之情跃然纸上。于是打消了纳妾的意愿，二人从此过上幸福快乐的生活。

梁启超的趣闻

梁启超九岁那年，他的祖父梁维清带着他乘坐木船，由水路经江门前往广州参加考试，这还是梁启超第一次离开家乡。当时满船的人都是准备应试的赶考的书生，大家坐在一起都是在讨论学问和夸耀才学的。一日在船上吃午饭，刚好吃的是白米饭和蒸咸鱼，有一个考生就提议以咸鱼为题进行吟诗或作对。其实用咸鱼入诗入对，是一个非常难的题目，因为咸鱼虽然是广东人饭桌上的名菜，但毕竟是登不了大雅之堂，俗话说："进鲍鱼之肆，久而不闻其臭"，但说的仍然是臭，并且是与"入芝兰之室"相对着的，话题一出，当时满船的考生都一下子被难倒了，大家纷纷都在抓耳挠腮，苦苦思考。

梁启超稍停片刻，便当众吟诵："太公垂钓后，胶鬲举盐初"。在座的人听了，都不约如同地愣了一下，然后大家都拍手叫好，不约而同地称赞他的诗做得十分切题，风格典雅，诗意浓郁，而且适当地运用典故，不落俗套，是一个十分难得的好句。到后来有人讨论到梁启超的时候，就有这样戏言："广东咸鱼从此得翻身了，入风流儒雅的一类了"，这个可能都是从梁启超作咸鱼诗中得到的。

梁启超智取寿文的故事

梁启超在他十一岁那年，到省城参加考试，一举得中秀才。考完试之后，担任主考的三品大员、广东学政使叶大焯，得知广东出了这么一个神童，再细细阅读梁启超的试卷，大为赞赏，就专门召见梁启超和几个年龄稍小的秀才面试一番，和他们谈论经学、唐诗宋词及唐宋八大家等。被接见的新科秀才一个个进去之后很快就退出，惟独梁启超竟小小年纪就无所不知，对答如流。叶大焯不觉十分高兴，对梁启超大分赞赏。机灵的梁启超见到这样，马上长跪于地请求说：老师啊，我的祖父今年已经是七十高龄，他的生辰为农历十一月二十一日，弟子很快就回家乡看望他老人家了，如果在我为祖父祝寿时，能得到先生所写的寿言，一定会使我祖父延年益寿，而且还可以告慰叔父和父亲孝顺之心，在我们的宗族交往中会感到更加光彩的。"叶大焯面对这个稚气未脱的孩子，听他说出一番成人的语句，大为惊讶，并深深地为他孝心所感动，于是便接受了梁启超的请求，欣然提笔，为梁老先生写了寿文。

回到家中，梁维清一读之下，非同小可啊，广东学政是朝廷三品官员，竟亲自挥笔为自己写寿文，真是大喜过望，茶坑村双喜临门，当即像过节一样庆祝梁启超得中秀才和梁维清得到高官的祝寿。

两考官争女婿的故事

在光绪十五年，年仅 17 岁的梁启超参加了广东乡试，一次就顺利地考中了举人，排名第八，而且也是这次新会籍考生中的成绩最优秀的一个，同时也是全省考生中年纪最小的一个。在这次乡试中，梁启超的试卷文章，写得洋洋洒洒，气势磅礴，思路敏捷，富有才情，自然就引起了两位主考官的特别关注。正主考官李端棻，是贵州省贵筑（今并入贵阳）人，副主考官为福建人王仁堪。两人都很赏识梁启超的学识与才华。李端棻心想，自己多年来担任乡试的主考官，但从来就没有遇到过像梁启超这样才学超群的学子，他感到应该和梁启超见见面，试试他的真正才学，同时，李端棻又想到，自己还有一个年轻的堂妹，正待字闺中，不如乘此机会，还可以撮合这门婚事呢，于是就打定主意请副主考官王仁堪从中作媒。正当李端棻如此考虑的时候，副主考官王仁堪也因为很欣赏梁启超的才智，想把自己尚未出阁的女儿许配给这位年轻举子。因此，当李端棻提出请他做媒人的时候，简直目瞪口呆。但由于李端棻是先提出，虽然自己内心有说不出口的惋惜，使他老半天都说不出话来，但最后也只得无奈地答应了。后来，李端棻便借与考生面谈的机会，直接就向梁启超提出了自己的想法。梁启超在主考官面前，一时之间，无法拒绝、他也无意拒绝这门婚事，便深深感谢主考官的厚意和栽培，并马上写信告诉父母。梁启超的父亲知道这件事之后，觉得很不妥当，因为自己家世代耕读，而李家则世代为官，难以高攀，门不当户不对的，因而就婉言谢绝。李端棻坦然地写信给梁启超的父亲，他说："我也知道启超出自寒门，但他前途无量，不久即可青云直上。我家物色的是人才，而不是从贫富来考虑，而且我也知道我的堂妹深明大义，我才敢于为她主持这门婚事，你们就不必推却了"。就这样，这门婚事就这样定了下来，后来李小姐在梁启超的一生中起着重要的作用，成为一段佳话。

妙对张之洞

话说梁启超去武汉讲学，礼节性地去拜访时任湖广总督的张之洞。当时，张之洞还真有点看不起梁启超，总想难为他，便傲慢地出了个上联：四水江第一，四时夏第二，老夫居江夏，谁是第一谁是第二？这个上联出的是十分巧妙，江河湖海四水中江是排第一，春夏秋冬中夏是列第二，江夏是指武汉，谁是第一第二，分明是说我才是老大嘛。但梁启超不愧为一代大儒，略一思索，口占一联：三教儒在前，三才人在后，小子本儒人，岂敢在前岂敢在后！真乃绝对，十分工整，不卑不亢。三教是指儒佛道，三才是说天地人，我不在你前也不在你后，与你平起平坐嘛。张之洞一看，厉害，算是我服了你，从此就改变了对梁启超的看法，还奉梁启超为上宾。

梁启超小时候的故事

"有人在平地，看我上云梯"

一天，梁启超爬上竹梯玩耍。祖父怕他有危险，望着梁启超急叫："快下来，快下来！会跌死你的……"梁启超看见祖父急成那样子，竟又往上再攀一级，还冲口念出两句："有人在平地，看我上云梯。"祖父不由开心大笑，感到乖孙非比寻常。

"堂前悬镜，大人明察秋毫"

梁启超十岁那年，跟父亲入城，夜里住在秀才李兆镜家。李家正厅对面有个杏花园，梁启超第二天早晨起来便走到杏花园玩耍，但见朵朵带露杏花争妍斗艳，十分可爱，便摘了几朵。突然听到脚步声由远而近，原来是父亲与李秀才来了。梁启超急忙将杏花藏于袖里，但仍被父亲看见了。父亲不好意思在朋友面前责怪儿子，便以对对联的形式来处罚他。父亲吟上联："袖里笼花，小子暗藏春色。"梁启超仰头凝思，瞥见对面厅檐挂着的"挡煞"大镜，即念出下联："堂前悬镜，大人明察秋毫。"李兆镜拍掌叫绝，于是道："让老夫也来考一考贤侄，'推车出小陌'，怎样？"梁启超立刻对上："策马入长安。""好，好！"李兆镜连声赞好。

在欢悦的气氛中，父亲饶了梁启超的过错。

"饮茶龙上水，写字狗耙田"

一天，梁启超家里来了一位客人，当时正在厅里与父亲谈着什么。梁启超从外面玩得满头大汗走进来，从茶几上提起茶壶斟了一大碗凉开水正想喝，却被客人叫住了。"启超，你过来。"客人说，"我知道你认识很多字，我来考考你。"客人见茶几上铺着一张大纸，提笔便狂草了一个"龙"字："你读给我听。"梁启超看了一眼，摇摇头。客人哈哈大笑。梁启超没理他，一口气喝了摆在茶几上的那碗凉开水。客人看了又哈哈大笑，道："饮茶龙上水。"梁启超用右衫袖抹一下嘴角，说："写字狗耙田。"梁启超的讥讽让父亲尴尬，正要惩罚他，客人说："令公子对答公整，才思敏捷，实在令人惊异。"

康有为剪辫子

康有为剪辫子的故事，发生在康有为逃亡日本后，仍留着他那大清帝国的大辫子，所以出出进进招来不少看热闹的人。梁启超和许多华侨都劝他把辫子剪了，他死活不同意，后来他自己也感到太被日本人取笑了，只好同意剪掉。剪辫子的那天，好像举行什么盛大典礼一般，他朝北京方向摆了香案，还宣读了一篇奏文。奏明圣上自己着满服在日本的种种苦衷，乞求圣上恩准削发。接着又读了一篇给祖宗和生身父母的祭文，因为身体发肤受之父母，不可损伤。每念完一篇就行一次三跪九叩礼，行礼完毕才坐下来。请来的日本理发师站在一旁莫名其妙地看着，他已经问了好几次是不是要理发。等理发师刚拿起剪子，忽然十几串鞭炮齐鸣，理发师大吃一惊，把手上的剪子都吓掉了。

辜鸿铭趣闻

"生在南洋，学在西洋，婚在东洋，仕在北洋"的晚清民初人辜鸿铭，精通中学西学，能操多国语言，一生获了 13 个博士学位。那时的西洋人声称："到北京可以不看紫禁城，不可不看辜鸿铭。"

若以读书的视角看去，其精彩看点，是他的背书怪才。

1867 年，10 岁的辜鸿铭，跟随他的义父布朗，从南洋马来半岛前往英国爱丁堡，以背诵弥尔顿的《失乐园》开始学西学。义父开讲，他跟着背。总共 6500 多行的无韵诗，很快就背得滚瓜烂熟。接着，他又背熟了《复乐园》等伟大诗篇。

多年后，他的老友梁敦彦听说他 60 多岁还能一字不落地背诵《失乐园》。就直言道，如现在你年轻 20 多岁，我信。可你已这把年纪了，说说还行，不背也罢。老辜当即从架上取下一本《失乐园》，以一口流利的英语，一字不差流水般地背将起来。

在爱丁堡，辜鸿铭他们爷俩边讲边背地背熟了莎士比亚戏剧，又开始背诵歌德的《浮士德》。

那时，辜鸿铭不懂德语。布朗就说一句，辜鸿铭照着背一句。老少二人在手舞足蹈中，咿哩哇啦地终于把这部《浮士德》背得溜熟。布朗再逐字逐句讲解，时而德语，时而英语，父子俩谈笑风生意趣盎然，《浮士德》也就装进了辜鸿铭的肚皮。

一年后，辜鸿铭就读于爱丁堡大学。以后，又求学德国莱比锡、法国巴黎，接受西洋正式教学，终成精通西学之人。单单语言一门，就通晓九种语言。

有则故事说：一次，在公共汽车上，辜鸿铭竟然倒拿着报纸看，而且看得有滋有味。周围的英国人，个个笑得不亦乐乎，还嘲笑这个乡巴佬，根本不懂英文，等他们笑够了，辜鸿铭才操着一口流利的英语，淡淡地说，"英文太简单了，不倒读简直没意思。"

这故事的背后，隐藏着一个"背"的艰辛。辜鸿铭回忆说，自己学希腊文，不知哭了多少次，但还是坚持背下去……背到后来，不但希腊文、拉丁文，就是其它各国语言、文字，一学就会。读此，不知那些对学习外语视为畏途的莘莘学子，有何感想？

然而，精通西学的辜鸿铭，那时，对于中华文化之学的"中学"却是个弱项。《辜鸿铭传》载，阔别家人 14 年的辜鸿铭返回马来半岛，1885 年来中国，任职张之洞幕府。张的寿诞之日，辜鸿铭有幸与一代名儒沈曾植会面。27 岁的辜鸿铭大谈西学。沈曾植慨然叹道："你说的话，我都懂。你要懂我的话，还得读 20 年中国书。"一晃 20 年下来，又是张之洞生日那天，辜鸿铭与沈曾植再次在张府会面。辜鸿铭请差役将张之洞的藏书搬至前厅，沈曾植问他搬书干什么？辜鸿铭答道，"请教前辈，哪部书前辈能背，我不能背？前辈懂，我不懂?"沈曾植知其意思，说，"我知道你能背能懂了……"这则实录，可让我们想想再想想，辜鸿铭在幕府的20年中，一边忙于繁杂的事务，一边在张之洞的悉心教授之下，从最基本的《三字经》背起，到千家诗、到四书五经，到自号"汉滨读易者"、到成为一个研读《易经》的"读易老人"。

正是这了得的背书功夫，日后，辜鸿铭在北大的讲台上，不带讲义，不带教材地讲课。一会儿英语，一会儿法语、德语、拉丁语，希腊语……引经据典，旁征博引，兴之所至，随口而出，洋洋洒洒，滔滔不绝。学生们无不佩服得五体投地。我想，如若今天的学子还能听听他讲课，准会逗一句时下的春晚名言："太有才了!"

东方朔轶事 "上书三千片，自荐汉武帝"

武帝即位初年，征召天下贤良方正和有文学才能的人。各地士人、儒生纷纷上书应聘。东方朔也给汉武帝上书，上书用了3000片竹简，两个人才扛得起，武帝读了二个月才读完。在自我推荐书中，他说："我东方朔少年时就失去了父母，依靠兄嫂的扶养长大成人。我12岁才读书，勤学刻苦，三个冬天读的文史书籍已够用了。15岁学击剑，16岁学《诗》，《书》，读了22万字。19岁学孙子兵法和战阵的摆布，懂得各种兵器的用法，以及作战时士兵进退的钲鼓。这方面的书也读了 22 万字，总共四十四万字。我钦佩子路的豪言。如今我已 22 岁，身高 9 尺 3 寸。双目炯炯有神，像明亮的珠子，牙齿洁白整齐得像编排的贝壳，勇敢像孟贲，敏捷像庆忌，廉俭像鲍叔，信义像尾生。我就是这样的人，够得上做天子的大臣吧！臣朔冒了死罪，再拜向上奏告。"武帝读了东方朔自许自夸的推荐书，赞赏他的气概，命令他待诏在公车署中。可是公车令俸禄微薄，又始终没有见到皇帝，东方朔很是不满。为了让汉武帝尽快召见自己，他故意吓唬给皇帝养马的几个侏儒："皇帝说你们这些人既不能种田，又不能打仗，更没有治国安邦的才华，对国家毫无益处，因此打算杀掉你们。你们还不赶快去向皇帝求情！"侏儒们大为惶恐，哭着向汉武帝求饶。汉武帝问明原委，即召来东方朔责问。东方朔终于有了一个直接面对皇帝的机会。他风趣地说："我是不得已才这样做的。侏儒身高 3 尺，我高 9 尺（1．94 米），所挣俸禄却一样多，总不能撑死他们而饿死小臣吧！圣上如果不愿意重用我，就干脆放我回家，我不愿再白白耗费京城的白米。"东方朔诙谐风趣的语言，逗得汉武帝捧腹大笑，遂任命他侍诏金马门，不久又擢为侍郎，侍从左右。

汉武帝喜欢游戏，为政之暇，常出谜语，让侍从猜测。东方朔每猜必中，应答如流，很快得到宠幸。而东方朔则利用接近皇帝的机会，屡屡向汉武帝谏诤国政。武帝的姑妈馆陶公主，亦叫窦太主，其夫堂邑侯陈午去世后，守寡多年，已 50 多岁。一个卖珠宝的女子经常到她家去，还带了个 13 岁的儿子董偃。董偃长得很漂亮，窦太主就把他留在身旁，教他御射术数。到了十八岁他已是个仪表堂堂的英俊少年。他与窦太主出则执辔，入则侍侧，关系非同一般，整个京师都知道他与窦太主的关系，叫他董君。一天武帝到窦太主家做客，公主激动万分，亲自下厨做菜。武帝坐定后对姑妈说："希望见见你的主人翁。"窦太主就把董偃引了出来。只见董偃头戴绿帽子，手套皮筒子，跟在公主的后面，对武帝说："臣董偃，公主家的庖人，冒死叩拜皇上万岁！"武帝见他长得很美貌，也很喜欢，赏赐他很多东西，并喊他"主人翁"。从此，董偃经常与武帝斗鸡走狗，游猎踢球。由于他与武帝关系日趋亲热，董偃名声大噪，京城王公贵戚没有一个不认识他的。

　　一天，武帝在宣室设酒宴款待窦太主和董偃。当他们要进入宣室时，东方朔执戟上前阻拦，对武帝说："董偃有三个罪名可杀：他以人臣的名义，私侍公主，这是第一条死罪。败坏男女风化，搞乱婚姻礼制，有伤先王的制度，这是罪二；陛下正当壮盛之年，须积思放六经，留心于王事，追慕唐虞的政治，仰敬三代的教化，而董偃却不知依经书劝学，反而以靡丽为重，奢侈为称，尽狗马之乐，极耳目之欲，行邪枉之道，径淫辟之路，这是国家之大贼，社会之大害，这是他第三条死罪。"武帝听后，默不作声，过一会说："我已经摆好酒宴，下次再改吧！"东方朔说："不可以。宣室是先王的正殿，不是议论正当的国事，不能进去！正是这样，淫乱的事情才渐渐消除下去。不要弄到这样的境地，竖貂教桓公淫乱，后来终究和易牙一同为患，庆父缢死于莒国，鲁国方得安宁，管蔡诛灭了，同室方得治安。"武帝听罢说："是的。"便下诏停摆酒宴于宣室，改摆在北宫。让董偃从东司马门进去，后又把它改称东交门。赏赐给东方朔黄金30斤。从此，董偃逐渐失去了宠爱，30 岁就去世了。过了几年，窦太主也去世，董偃与她一起合葬在霸陵。

东方朔还数个敢说敢做的人，他曾经直言不讳，教育帝王。话说建元三年（前 138 年），汉武帝为了田猎游乐，拟划出关中方圆百里的良田，建造规模宏大的林苑。朝中众臣大多迎合帝意，表示赞同，东方朔却据理力谏："听说谦虚谨慎，天将降福，骄傲奢侈，天将降灾。现在圣上嫌宫殿不高大，苑林不宽广，要建上林苑。试想，关中一带，土地肥美，物产丰饶，国家赖以太平，小民赖以富足，划地为苑，将上乏国家，下亏小民，为建造虎鹿乐园而毁人坟墓，拆人房屋，将使小民无家可归，伤心流泪，怨恨朝廷。昔殷纣王建九市而诸侯叛乱，楚灵王造章华台而楚民离心，秦始皇修阿房宫而天下大乱。前事之鉴，不可不察。"汉武帝虽不愿停修上林苑，但对东方朔表现出的胆识和忠诚十分欣赏，下诏赐给黄金百斤，并授予太中大夫给事中的官衔。

汉武帝好大喜功，也喜欢臣下歌功颂德。一次，武帝问东方朔："先生以为朕是一位什么样的君主呢？"东方朔回答说："圣上功德，超过三皇五帝，要不众多贤人怎么都辅佐您呢，譬如周公旦、邵公都来做丞相，孔丘来做御史大夫，姜子牙来做大将军……"东方朔一口气将古代 32 个治世能臣都说成了汉武帝的大臣。他语带讽刺，但又装出一幅滑稽相，使汉武帝欲恨不能，破泣为笑，笑恨之余又确实感到自己不如圣王。

刘邦芒砀斩蛇

刘邦以亭长的身份为泗水郡押送徒役去骊山，徒役们有很多在半路逃走了。刘邦估计等到了骊山也就会都逃光了，所以走到芒砀山时，就停下来饮酒，趁着夜晚把所有的役徒都放了。刘邦说："你们都逃命去吧，从此我也要远远地走了！"徒役中有十多个壮士愿意跟随他一块走。刘邦乘着酒意，夜里抄小路通过沼泽地，让一个在前边先走。走在前边的人回来报告说："前边有条大蛇挡在路上，还是回去罢。"刘邦已醉，说："大丈夫走路，有什么可怕的！"于是赶到前面，拔剑去斩大蛇。大蛇被斩成两截，道路打开了，继续往前走了几里，醉得厉害了，就躺倒在地上，后边的人来到斩蛇的地方，看见有一老妇在暗夜中哭泣。有人问她为什么哭，老妇人说："有人杀了我的孩子，我在哭他。"有人问："你的孩子为什么被杀呢？"老妇说："我的孩子是白帝之子，变化成蛇，挡在道路中间，如今被赤帝之子杀了，我就是为这个哭啊。"众人以为老妇人是在说谎，正要打她，老妇人却忽然不见了。后面的人赶上了刘邦，刘邦醒了。那些人把刚才的事告诉了刘邦，刘邦心中暗暗高兴，更加自负。那些追随他的人也渐渐地畏惧他了。

鸿门宴

陈胜起义后，各地云起响应，其中有楚国贵族出自身的项梁、项羽叔侄，有农民出身的刘邦。陈胜失败后，项梁扶楚怀王的孙子名叫心的作了楚王，刘邦也投靠了项梁。公元前207年，项梁战死，怀王派项羽等去救援被秦军围困的赵国，同时派刘邦领兵攻打函谷关。临行时，怀王与诸将约定，谁先入关，便封为关中王。刘邦先攻入咸阳，但并未称王，一直在等待项羽。

刘邦驻军霸上，还没有见到项羽，刘邦的左司马曹无伤暗中派人对项羽说："刘邦想要在关中称王，让子婴做丞相，珍宝全都被刘邦占有。"项羽大怒，说："明天犒劳士兵，给我打败刘邦的军队！"这时候，项羽的军队40万，驻扎在新丰鸿门；刘邦的军队10万，驻在霸上。范增劝告项羽说："沛公在崤山的东边的时候，对钱财货物贪恋，喜爱美女。现在进了关，不掠取财物，不迷恋女色，这说明他有大志向，我叫人观望他那里的气运，都是龙虎的形状，呈现五彩的颜色，这是天子的气运呀！赶快攻打，不要失去机会。"

楚国的左尹项伯，是项羽的叔父，一向同留侯张良交好。张良这时正跟随着刘邦。项伯就连夜骑马跑到刘邦的军营，私下会见张良，把事情详细地告诉了他，想叫张良和他一起离开，说："不要和他们一起被项羽杀死了。"张良说："我是韩王派给沛公的人，现在沛公遇到危急的事，逃走就是不守信义，不能不告诉他。"于是张良进去，详细地把事情告诉了刘邦。刘邦大惊，说："这件事该怎么办？"张良说："是谁给大王出这条计策的？"刘邦说："一个见识短浅的小子劝我说："守住函谷关，不要放诸侯进来，秦国的土地就可以全部占领而称王。"所以我就听了他的话。"张良说："估计大王的军队足够用来抵挡项王吗？"刘邦沉默了一会儿，说："当然不如啊，可这又将怎么办呢？"张良说："请您亲自告诉项伯，说刘邦不敢背叛项王。"刘邦说："你怎么和项伯有交情？"张良说："秦朝时，他和我交往，项伯杀了人，我救了他；现在事情危急，幸亏他来告诉我。"刘邦说："他和你年龄谁大谁小？"张良说："比我大。"刘邦说："你替我请他进来，我要像对待兄长一样对待他。"张良出去，邀请项伯进来。刘邦捧上一杯酒向项伯祝酒，和项伯约定结为儿女亲家，说："我进入关中，一点东西都不敢据为己有，登记了官吏、百姓，封闭了仓库，等待将军到来。派遣将领把守函谷关的原因，是为了防备其他盗贼进来和意外的变故。我日夜盼望将军到来，怎么敢反叛呢？希望您全部告诉项王我不敢背叛恩德。"项伯答应了，告诉刘邦说："明天早晨不能不早些亲自来向项王道歉。"刘邦说："好"。于是项伯又连夜离去，回到军营里，把刘邦的话报告了项羽，趁机说："沛公不先攻破关中，你怎么会进关来呢？现在人家有了大功，却要攻打他，这是不讲信义。不如趁此好好对待他。"说得项王动了心，点点头答应了他。

刘邦第二天早晨带着一百多人马来见项王，到了鸿门，向项王谢罪说："我和将军合力攻打秦国，将军在黄河以北作战，我在黄河以南作战，但是我自己没有料到能先进入关中，灭掉秦朝，没想到能够在这里又见到将军。现在因为小人的谣言，让您和我之间发生些误会。"项王说："这是沛公的左司马曹无伤说的，如果不是他说的，我怎么会这么生气?"项王当天就留下刘邦，和他饮酒。项王、项伯朝东坐，亚父朝南坐。亚父就是范增。刘邦朝北坐，张良朝西陪侍。范增多次向项王使眼色，再三举起他佩戴的玉玦暗示项王，项王沉默着没有反应。范增起身，出去召来项庄，说："君王为人心地不狠。你进去上前为他敬酒，敬酒完毕，请求舞剑，趁机把沛公杀死在座位上。否则，你们都将被他俘虏!"项庄就进去敬酒。敬完酒，说："君王和沛公饮酒，军营里没有什么可以用来作为娱乐的，请让我舞剑。"项王说："好。"项庄拔剑起舞，项伯也拔剑起舞，常常张开双臂像鸟儿张开翅膀那样用身体掩护刘邦，使项庄无法刺杀。

张良到军营门口找樊哙。樊哙问："事情怎么样了?"张良说："很危急!现在项庄拔剑起舞，他的意图是在沛公身上啊!"樊哙急着说："这太危险了，让我进去，我要和沛公同生共死。"于是樊哙拿着剑，持着盾牌，冲入军门，樊哙侧着盾牌撞去，卫士跌倒在地上，樊哙掀开帷帐朝西一站，瞪着眼睛看着项王，只见头发直竖起来，眼角都裂开了。项王握着剑挺起身问："这位客人是干什么的?"张良说："是沛公的参乘樊哙。"项王赏赐了樊哙几杯酒，最后问还能喝下去吗?樊哙说："我死都不怕，一杯酒有什么可推辞的?秦王心肠歹毒，杀人惟恐不能杀尽，惩罚人惟恐不能用尽酷刑，最后失去了人心。大王曾和诸将约定：'先打败秦军进入咸阳的人封作王。'现在沛公先打败秦军进了咸阳，一点儿东西都不敢动用，封闭了宫室，军队退回到霸上，等待大王到来。特意派遣将领把守函谷关的原因，是为了防备其他盗贼的进入和意外的变故。这样劳苦功高，没有得到封侯的赏赐，反而听信小人的谗言，想杀有功的人，这是步秦的后尘啊。项王没有话回答，说："坐"。樊哙挨着张良坐下。坐了一会儿，刘邦借机起身上厕所，趁机把樊哙叫了出来。

刘邦出去后，项王派都尉陈平去叫刘邦。刘邦说："现在出来，还没有告辞，这该怎么办？"樊哙说："做大事不必顾及小节，讲大礼不必计较小的谦让。现在人家正好比是菜刀和砧板，我们则好比是鱼和肉，告辞干什么呢？"于是刘邦就让张良留下来道歉，先逃走了。张良问："大王来时带了什么东西？"刘邦说："我带了一对玉璧，想献给项王；一双玉斗，想送给亚父。正碰上他们生气，不敢奉上啊。你替我把它们献上吧。"张良说："好"。这时候，项王的军队驻在鸿门，刘邦的军队驻在霸上，相距四十里。刘邦就留下车辆和随从人马，独自骑马脱身，和樊哙、夏侯婴、靳强、纪信四人拿着剑和盾牌徒步逃跑，从郦山脚下，取道芷阳，抄小路走。刘邦对张良说："从这条路到我们军营，不过二十里罢了，估计我回到军营里，你才进去。"

刘邦离去后，从小路回到军营里。张良进去道歉，说："沛公不胜酒力，不能当面告辞了。让我奉上白璧一双，拜两拜敬献给大王；玉斗一双，拜两拜献给大将军。"项王问："沛公在哪里啊？"张良说："听说大王有意要责备他，只能脱身独自离开，已经回到军营了。"项王只能接受了玉璧，亚父接过玉斗，却放在地上，拔出剑来敲碎了它，说："唉！这小子不值得和他共谋大事！夺项王天下的人注定是刘邦了。我们都会成为他的俘虏。"

刘邦回到军中，立刻杀掉了曹无伤。

郑板桥和"难得糊涂"

郑板桥曾留下了"难得糊涂"的墨迹，这已为很多人所熟知，但郑板桥是在什么情况下写下的"难得糊涂"及聪明和糊涂的那一番话，恐怕知其原委者不会太多。

郑板桥在山东潍县（今潍坊市）做官时题写过多幅著名的匾额，其中最为脍炙人口的是"难得糊涂"与"吃亏是福"这两块。

据考，"难得糊涂"这四个字是在山东莱州的云峰山写的。莱州地处潍县东北，面临大海，县城的东南有座云峰山。这座山上，多年来留下了许许多多的碑刻。有一年秋天，郑板桥专程从潍县来此地观碑，他主要是想来观赏郑文公碑。由于碑刻深深地吸引了他，所以，盘桓至晚，不得不于当晚借宿山间茅屋。

屋主为一位神态儒雅的老翁，自命糊涂老人，却出语不俗。老人室中陈列了一尊方桌般大的砚台，石质细腻，镂刻精良，使得郑板桥大开眼界，暗暗称奇。攀谈中，老人得知来客是潍县县令郑板桥，不禁肃然起敬，因为郑还是当时诗书画三绝的大家。老人遂请郑板桥题字以便刻于砚背。郑板桥亦以为老人必有来历，不便多问，便题写了"难得糊涂"四个字，落款，他用了"康熙秀才雍正举人乾隆进士"的方印。

因砚台很大，尚有些余地，郑板桥说，老先生似还应写一段跋语。老人思忖片刻便写下了"得美石难，得顽石尤难，由美石转入顽石更难，美于中，顽于外，藏野人之庐，不入富贵之门也"。老人也拿出一方印钤盖于落款处，印上的字是"院试第一乡试第二殿试第三"。郑板桥看后大惊，方知眼前的老人确有来历，乃是一位隐退的达官，与之细谈，方知原委。有感于糊涂老人的自命名，郑板桥见尚有些空隙，当下便步老人之神韵，补写了一段"聪明难，糊涂尤难，由聪明转入糊涂更难。放一著，退一步，当下安心，非图后来福报也"。老人看后仰天大笑："真乃高士也。"郑板桥亦称："得遇老人家，实实三生有幸！"从此，郑板桥留下了他的"难得糊涂"和"聪明糊涂论"。

由此悟出，做任何事情，拿得起放得下，堪称悟透了人生。然有些"聪明人"往往拿得起却放不下，做事常常是明知不可为而为之，乃至身枯力竭仍在拼命。还有些人干大事糊里糊涂，但在小事上聪明，为蝇头小利而费尽心机、锱铢必较。

郑板桥与玲珑山馆记

青年时代，郑板桥从兴化第一次来到扬州。当时扬州是文人荟萃的地方，尤其有一个地方叫"玲珑山馆"，主人马氏兄弟十分殷勤好客。南来北往的人，只要在诗、书、画、印上有一技之长的，都来投奔，故而聚集了不少的风雅之士。郑板桥囊中羞涩，便也来这儿，想找一处立锥之地。

这一天正好是元宵佳节，大雪飘扬，玲珑山馆举行了一个

"新春诗会"。名流咸集。郑板桥趁人多眼杂跟进来，但见大厅上人头攒动，主人马氏兄弟正以'雪'与'梅'为题，请大家作诗。

"这可是一个难得的学习机会"，郑板桥心想，"扬州之盛，绝非兴化可比，自己倘若学得一点长进，也不枉这一遭。"

这时，众人已推荐了一位德高望重，白发苍苍的老先生出来，他咳嗽了半天，才摇头晃脑吟诵出一首诗。道是："地冷棉来包，天上落鹅毛，红梅一声白，几缕香云飘。"众人哄然叫好。马氏兄弟也忙人誊抄。郑板桥却早忍俊不禁。"扑哧"一声笑了出来。他这一笑，立刻引起了马家兄弟的注意。他们见郑板桥脸膛黝黑，一双浓眉乌刷刷的，两只眸子闪动着掩饰不住的光芒，遂上来问道："请问先生贵姓，如何称呼？""在下郑板桥，刚从兴化来扬州，闻得贵兄弟乐施好客，素有'小孟尝'之称。"郑板桥不卑不亢，落落大方地回答了主人的话。然后话锋一转，面带讥讪之色，说道"岂知传言固然不实，所见所闻，更是令人喷饭！"他的这番话，简直要把方才作诗的老翁气得吐血，四座更是议论纷纷，主人见状，连忙道："郑先生既出如此言语，想来必是饱学之士，不如就以同一题目'雪'与'梅'，另赋一首如何？""这有何难"郑板桥早胸有成竹，一口答应，然后脸朝外，望着园里纷飞的雪，不慌不忙地吟道："一片两片三四片，五六七八九十片——"他刚念了两句，座上众人早轰然大笑起来，这哪里是什么诗，真像小孩猜谜语，连打油诗都不如啊！众人议论纷纷。郑板桥却若无其事，接着吟道："千片万片无数片，飞入梅花看不见。"

话语刚落，满座顿时鸦雀无声，一会儿，如潮水雷鸣般的掌声才轰然响起来，"好！好！"众人无不拍掌叫绝。马家主人更是笑逐颜开，连忙请郑板桥上坐，奉为首席。从此，郑板桥在扬州站稳了脚跟。

郑板桥四句俗语巧断案

郑板桥辞官回到故乡兴化后，用四句俗语巧断案的故事，亦被传为美谈。有一天，郑板桥应朋友之邀去喝酒吟诗，路上正巧碰上一户人家夫妻吵嘴，许多人围着看热闹，其中有个不正经的人，趁人之危假装拉劝调解，不怀好意动手动脚调戏那妇女。夫妻双方看出这人的不良动机，停止争吵，狠狠教训他一顿，打得他鼻青眼肿。这一来，他干脆死赖活扯，纠缠不休，路人也无法劝解。当郑板桥路过时，这人听说郑板桥是当过县令的，哭闹着要求郑板桥"秉公而断"。郑板桥听了缘由后，信口念道："瓜州的剪子，镇江的刀，如皋的钉耙，海安的锹。"

这四句话讲的分别是当时非常出名的铁器，与案情毫不相关，那人丈二的和尚——摸不着头脑，既不好向郑老爷问个明白，又不便再与那夫妻俩纠缠，只好自认晦气，嘴里不停地唠叨着："瓜州的剪子，镇江的刀……"直到日落西山还独自咕哝不息。

这时，一个农夫听了，觉得好笑，脱口而出："你这人还在这儿嘀咕什么？这四样铁器，'打——得——好——'嘛！"此人

听了，恍然大悟：自己去调戏妇女，被打一顿真是活该，能怨谁
呢？他禁不住脸红到脖子根，羞愧离去。

外宾没有称赞我

　　齐白石对自己的艺术造诣是相当自负的，尤其是到了晚年，
这种自负就更明显，有时甚至成为一种颇为执拗的可爱。90 多岁
的时候，有一次他当着围观者的面画自己非常拿手的墨虾，他画
了一根很长很长、细如发丝的虾须，画好后便颇为得意地说：
"我都这么老了，还能画出这样的线！"

　　建国后，许多外宾都来国内访问拜会齐白石，诗人艾青也多
次陪同外宾同行。有一次，送走外宾之后，艾青发现齐白石显得
很不高兴，便十分关切地询问原因，齐白石撅着嘴说："他们看
了我的画之后没有称赞我！"艾青连忙说："不是啊，外宾称赞
了，是你听不懂他们的话。""不对，就是真的称赞了也不应该只
说话，那不是真心地称赞。""那您认为他们应该怎么做才是真心
地称赞呢？"艾青感到十分诧异地问。"他们应该竖起大拇指，那
样的称赞才是真心实意的。"齐白石一本正经地说。

齐白石戒烟

　　齐白石年轻的时候，烟瘾很大，不论雕花做工，写诗绘画，

动手前总要咕噜咕噜吸一阵水烟。据说这也是向他师傅学来的，他的师傅叫周之美，是个雕花巧匠，不论人物花鸟，经他一雕，就栩栩如生。但此人嗜烟如命，常说，只要过足烟瘾，就可雕出好花。因此，齐白石每月都要拿出不少钱来买烟孝敬他，自己也就养成了吸烟的习惯。

齐白石经过名师指点和刻苦自学，从雕刻到绘画、作诗、书法，日益精通，最后，成为我国近代诗、书、画三绝的一代宗师，而且数十年都不再吸烟。齐白石怎么从烟瘾很大到不吸烟呢？这里还有一个生动的故事。

齐白石青年时候，为了钻研诗词，砥砺学业，曾邀集挚友罗醒吾、黎德恂、王仲言诸人，组织一个"罗山诗社"。有一天，诗社聚会，在谈诗论文之余，齐提出要拟定几条"修身立志"的社规。于是，有人提出"不赌钱"、"不嫖女"、"不嗜酒"、"不吸烟"……齐白石对前几条都赞同，就是不同意"不吸烟"这一条。

正在争议不决之时，爱开玩笑的黎德恂忽然站起来说："其实，吸烟这东西并非坏事，它是早见经传的圣贤之道呀，孔圣人不也喜欢吸烟嘛。"大家一听，都感诧异问他有何出处。黎德恂说："请问各位，我们这地方谁最算得孔圣人的忠实门徒呢？"大家说："那还用问，当然是前清举人王老先生了。他家正厅里至今还供奉着孔老夫子的牌位，而且礼拜甚勤呢。"

黎德恂说："对，你们没有看见他家孔夫子牌位两旁的对联吗？"王仲言抢着说，"那对联是：茶烟待人客；笔墨不当差。"黎德恂说："据说这就是王老先生遵循孔夫子的教导，凡请他代写书文的人，必须送烟为礼，否则就'恕不当差'了。自古道：上有所好，下必效之。名师出高徒嘛。如果孔圣人不是嗜烟如命，他的门徒王举人也不会对吸烟这样恋恋不舍了。"大家一听，才知他的用意，不禁哈哈大笑起来。

齐白石知道这是黎德恂利用王举人家这副对联，牵强附会，讥讽他向师傅学吸烟的事，但他们也是一片好意，希望他能戒掉这不良嗜好。于是，也笑着说："各位诚意劝我戒烟，也罢，从今天起我一定下决心戒掉它。过去诗画依靠吸烟来，今后让他从肚里来吧，"说着，从口袋里取出一副精工制作的烟斗烟盒，毫不迟疑地抛向小溪流水之中，并口占一副戒烟对联曰：烟从水上去；诗自腹中来。

从此，齐白石果然不再吸烟了。从这里也可以看出这位艺术大师的毅力和决心。

祝枝山闯酒席

祝枝山是明朝的一个大文人，但生性诙谐，贪杯中物。据说一天，唐伯虎和文征明瞒了祝枝山，躲在一处饮酒，不料被祝枝山得知，也急急忙忙赶到那里，一进门就大声嚷道："今朝吃福好，不请我自到。"说罢，坐下便要吃酒。

唐伯虎向文征明眨眨眼，然后对祝枝山说："今天我们吃酒，有个规矩，须即景吟诗一首作为谜面，打一昆虫名，否则不准吃。"祝枝山笑笑说："好吧，你们先说。"唐伯虎便吟道："菜肴香，老酒醇，不唤自来是此君，不怕别人来嫌恶，撞来席上自营营。"文征明接着说："华灯明，喜盈盈，不唤自来是此君，吃人嘴脸生来厌，空腹贪图乱钻营。"不速之客祝枝山听了，知道他们在取笑自己专吃白食，但却假装不懂，便也吟了一首："来得巧，正逢时，劝君莫怪盘中食，此公满腹锦绣才，不让吃喝哪来诗？"吟罢，三人相视大笑，开怀畅饮，直吃到酩酊大醉方休。

这三首诗中各自有个谜底，而且还是三种昆虫分别是苍蝇，蚊子，蚕，不愧是江南有名的才子，一顿饭也吃得妙趣横生。

祝枝山作春联戏财主

祝枝山是明代书画家。有一年除夕，一个姓钱的财主请祝枝山写春联。祝枝山想，这个钱财主平日搜刮乡里，欺压百姓，今日既然找上门来何不借机奚落他一番？于是，吩咐书童在钱财主的大门两旁贴好纸张，挥笔写下了这样一副对联：明日逢春好不晦气；来年倒运少有余财。过往的人们看到这副对联，都这样念道：明日逢春，好不晦气；来年倒运，少有余财。钱财主听了气急败坏，知道是祝枝山故意辱骂他，于是到县衙告状，说祝枝山用对联辱骂良民，要求老爷为他作主处置。另外，钱财主还暗中给县老爷送了些金银财物。当下，县令便派人传来祝枝山，质问道："祝先生，你为何用对联辱骂钱老板？"祝枝山笑着回答说："大人差矣！我是读书人，无权无势，岂敢用对联骂人？学生写的全是吉庆之词嘛！"于是，拿出对联当场念给众人听：明日逢春好，不晦气；来年倒运少，有余财。县令和财主听后，目瞪口呆，无言对答。好半天，县老爷才如梦初醒，呵斥钱财主道，"只怪你才疏学浅，把如此绝妙吉庆之词当成辱骂之言，还不快给祝先生赔罪？"钱财主无奈，只好连连道歉。祝枝山哈哈大笑，告别县令，扬长而去。

唐伯虎好荒唐

一天，祝枝山告诉唐伯虎："后山住着一个寡妇，守寡三年，把贞节视为生命，只养了一只老鹰相依为命。如果你能搞定这名女子，那我祝枝山对你五体投地。"唐伯虎想一想，便要祝枝山过几天来听消息。

过了两天，下起倾盆大雨。半夜，唐伯虎爬上了后山，到了寡妇家门口。唐伯虎敲了敲门，问道："能不能让我避避雨？"寡妇开了门，原来是江南才子唐伯虎，连忙让他进屋。唐伯虎进了门，连连道谢，接着又问道："可不可以将湿的衣服脱掉？"寡妇一看衣服全湿了，连忙把衣服拿到灶上烘干。这时，唐伯虎又问："大嫂，我口渴了，借我一只瓢，让我喝口水行吗？"寡妇连忙拿了一只瓢给唐伯虎。

唐伯虎喝完了水，看看很晚了，问寡妇："大嫂能否让我在这里过一夜？"寡妇想了想，屋外雨下得正大，也就答应了。将唐伯虎领至客房，唐伯虎进了客房，也不客气，倒头便睡。第二天天亮，唐伯虎起得早，悄悄走进院子，果然看见那只相依为命的老鹰。唐伯虎抓住老鹰，把毛都拔了下来，然后，也没和寡妇打声招呼，就回了家。

过了几天，唐伯虎和祝枝山在家下棋，听见有人敲门。祝枝山开了门，原来是那寡妇，寡妇一看见唐伯虎就破口大骂："唐伯虎啊唐伯虎！你是江南文人，一代才子，为何做出这种龌龊事来？那天我看你挺可怜，好心开门让你进来。你要避雨，我就让你避雨，你要脱，我就让你脱，你要瓢，我就给你瓢，你要过夜，我就让你过夜。你说！你为什么把我的鹰毛都拔光了？"

唐伯虎梦中误会

唐伯虎生性好酒，饮常醉。他新婚后，偕妻去岳母家拜谢。岳母见他们夫妻相亲相爱，深感称心如意，遂设丰盛酒宴，热情款待，并亲自劝酒。伯虎平素贪杯，此时面对美酒，当此盛情，无拘无束，开怀畅饮，一醉方休。宴毕，妻子扶他入卧室休息，少顷即入睡。

适值妻妹从伯虎卧室旁过，闻室内有鼾声，即从门缝窥视，见伯虎被子有一半掉到床下，善良的小姨担心姐夫睡中着凉，遂悄悄入室拉起被子给他盖好。醉酒入睡的伯虎，感到身边有动静，睡眼朦胧，以为是妻子拉被，即伸手去抓，妻妹见势急缩手，竟被抓住衣角，她用力挣脱，回到自己房中，觉得伯虎行为不端。粗通笔墨的妻妹，愤然提笔在纸上写了一首打油诗："好心给盖被，却来抓我衣；原道是君子，竟然是赖皮。——可气，可气!"然后将写好的纸条,送去放在伯虎枕边。伯虎醒来,见枕边有一纸条,拿起一看,依稀记起睡中发生的事,深感羞愧。为给自己辩白,望求妻妹谅解,遂找一纸依照小姨诗的形式,也写了一首打油诗:"酒醉烂如泥,怎分东与西,我道结发妻,谁知是小姨。——失礼,失礼!"

伯虎刚写完,妻子走了进来。她读了两首打油诗,觉得很滑稽。但为消除丈夫与妹妹之间的误会,她把两首诗拿去给母亲看。母亲看了觉得十分好笑。当即提笔依照两诗的笔法也写了一首打油诗:"丈夫拉妻衣,竟误拉小姨;怪我劝酒多,致其眼迷离。——莫疑,莫疑!"唐寅妻立即唤丈夫与妹妹来母亲房间,把三首诗递给他们二人。二人看了,抬头互望了一眼,不禁笑了起来。

厉归真画虎

厉归真非常喜欢画虎。见到画虎的作品,他就专心致志地临摹,遇到画虎的高手,他就恭谦地去求教。他还常常在夜间悄悄地观察猫捉老鼠时伺机而动,见鼠而扑的各种姿态,以便从中受到启发。由于他刻苦学习,在画虎上有了点名气。但因没见过真虎,画的老虎总有点"虎味"不足。

有一天,厉归真听说邻村捉到一只老虎,立刻跑去,整整仔细观察了一天。老虎踱来踱去的姿态,健美雄壮的体型,使他感到惊奇。他高兴得痛饮起来,乘着酒兴,画起虎来。他认为这是他最满意的作品了，可是，一位猎户看了，却不以为然地说："这画虎气不多，倒是猫气更多一些！"厉归真听了，觉得猎人说的确实有道理，因为自己的确没见过山中的虎。于是，他带上干粮，跑到深山老林，问明老虎经常出没的地方，在树杈上搭起一个高高的棚子。这天夜里，山风呼啸，林涛嘶鸣。突然，一只野山羊跳到树下。厉归真看到送到眼前的猎物，十分高兴，举起棍棒，正要下去打，忽然，听见地动山摇般的一声大吼，吓得他差点儿从树上摔下去。只见一只斑斓猛虎，不知从哪里突然钻出，直扑树下。那羊闻声而逃。老虎闪电一般穷追。伴着又一声巨吼，那虎腾跃而起，死死咬住了山羊的咽喉。那搏斗挣扎的虎爪羊蹄，竟把地蹬出了一个大坑！厉归真转惊为喜，不觉失声叫道："妙啊！这才是真正的虎气！"不料那虎听到人声便抛掉山羊，回到树下。它满口血污，铃铛似的大眼闪着凶光直逼厉归真。突然，一声雷鸣似的怒吼，那虎张着血盆大口直冲上来，正撞着棚子下面的支架。厉归真吓得毛骨悚然，赶忙攀上树杈。老虎又一次窜起，竟把棚子撞散了架。厉归真越攀越高。那老虎无可奈何，只好叼起山羊走了。厉归真惊魂稍定，十分感慨，叹道："山中虎不同于笼中虎；发怒的虎也不同于安静的虎呀！"

厉归真从深山回来后，每次作画，都好象看见各种情状的老虎在面前跃动。提起笔来，得心应手。为了更深入地体会老虎的神情，厉归真还向猎人买了一张虎皮，经常披上虎皮，在院子里蹦蹦跳跳，细心地揣摩老虎的各种动作。厉归真通过深入细致的观察体会和刻苦练习，画的老虎真的有了"虎气"。不仅样子像，神态也象，受到了人们一致称赞。

王勃偶作滕王阁序

唐高宗上元二年（公元675年）重阳节，洪州都督阎伯屿携文武官员欢宴于滕王阁，共庆重阳登高佳节。此时，王勃因赴交趾省亲探父，乘船路过马当（今彭泽县）遇阻，幸得水与风相助，日行七百里到达南昌，适逢阎都督九九重阳为滕王阁重修竣工盛宴而被邀入席。

酒兴正酣，阎都督请各位嘉宾行文赋诗以纪欢宴之盛况，其实阎公是想让略具诗名的女婿孟学士好好展露一手，孟学士也已经准备妥当，只等当众吟咏，因此在座诸公均再三谦让。至王勃之末座时，王勃不谙此道，跻踏应允，令得满座愕然。王勃行文习惯小酌，然后蒙头少睡，起来后挥毫而就，这是王勃"打腹稿"的方式。逢此盛宴，小寐难成，王勃于是端坐书案，神情凝注，手拈墨碇缓慢磨墨，借机酝酿才思。阎都督和众宾客看王勃不紧不慢，于是登阁赏景，吩咐小吏随时通报。很长时间，小吏来报第一句"南昌故郡，洪都新府"，阎都督听觉老生常谈，实乃平淡无奇，小吏又报"星分翼轸，地接衡庐"，阎都督默不言语，及至小吏来报"落霞与孤鹜齐飞，秋水共长天一色"，阎都督遂拍手称赞天才之笔，急令众文武返滕王阁开怀畅饮，尽欢而散。此次盛宴，也因此段佳话而名垂文史。可惜天妒英才，王勃序后第二年，探父途中渡海溺水而逝。

金玉奴棒打负心郎

宋朝时，杭州城金老大就一个女儿，名叫玉奴，生得十分美貌。金老大从小教女儿读书识字，金玉奴到 15 岁时已诗赋俱通，调筝弄管，事事伶俐。况且金老大住的有好房子、种的有好田园、穿的有好衣，吃的有好食。廒多积粟，囊有余钱，放债使婢，虽不是顶富，但也是数得着的富家。金老大一心要将女儿嫁一个有出息的读书人。可惜金老大已经五十多岁，金玉奴也已经十八岁，仍是高低不就。问题就出在金老大家是团头。

团头就是叫化子头。众丐叫化得东西来时，团头要收他的月头钱，若是遇到雨雪天，没地方去乞讨，团头就要熬些稀粥，养活这伙丐户。破衣破袄，也是团头照管。所有那些乞丐，都得小心低气，服着团头，如奴婢一般，不敢触犯。团头收些现成的常例钱，有时也在乞丐中放债盘利，只要不嫖不赌，就能创一份家业。旧社会，娼、优、隶、卒四类被列入贱流，乞丐却贫而不贱。春秋时代伍子胥在吴市吹箫乞讨，唐代的郑元和做歌郎时到处大唱"莲花落"。乞丐之中藏龙卧虎之辈多的是，家财万贯，一时不便，谁又能保证一生一世都是一帆风顺呢？可乞丐团头的名声终究还是有些不好，随你挣得有田有地，几代发迹，终是个叫化头儿，比不得平常百姓人家。出外没人恭敬，只好闲着在自己家里当老大。

就在金老大为女儿的婚事忧心如焚的时候，邻家的一个老头对金老大说："太平桥下有个书生，姓莫，名稽。二十岁，一表人才，读书饱学。只为父母双亡，家穷未娶。最近考上太学生，情愿入赘人家，此人正好与令媛相宜，何不招他为婿?"金老大高兴非常，就央求这邻里老人家联系，那老人家找到莫稽把情况一讲，莫稽虽对那团头的出身有些犹豫，怕被人耻笑，但终觉得自己衣食不周，无力婚娶，便答应了。于是金家择个吉日，送一套新衣给莫稽穿好，备下盛筵，遍邀莫稽的同窗好友前来吃酒，一连热闹了数天。莫稽见到金玉奴才貌双全，喜出望外。不费一分钱，白白得了个美妻，金玉奴又不惜工本，到处为丈夫购买书籍，供他学习，可说莫稽事事称怀。就是他的那些朋友，晓得他贫苦，个个都能体谅他，也没有人去取笑他。

金玉奴十分要强，如果当时不是硬要嫁个读书人也不会拖到老大，她只恨自己家门风不好，要挣个出头，于是劝丈夫刻苦读书。由于有了良好的学习环境，又有娇妻的督促，莫稽才学日进，二十三岁就被州县学府作为合格人选送到京师参加进士科的考试，居然连科及第。在参加了皇上在琼林苑特地为新取进士举行的宴会后，莫稽乌帽官袍，马上迎归。将到丈人家里，只见街坊上一群小儿争先来看，指着他说："金团头家女婿做了官了。"莫稽听了，心中实在不是滋味，心想：早知今日富贵，就不该拜个团头岳丈，即使今后养出儿女来，也还是团头外孙，被人笑话。终有些后悔，怏怏不乐，就忘记了贫贱的时节，老婆资助他成名的功劳。回到家中，金玉奴连问他几声，他都不答应。

不一日，莫稽到吏部听候选派，被授为无为军司户。"军"就是州县一级的行政单位，司户是掌管户口帐册的地方官。从东京出发到无为军是一水之地，莫稽携同金玉奴登舟赴任。金老大异常高兴，亲自治酒送行，金玉奴也喜气洋洋。这天来到采石江边，系舟北岸，月明如昼，莫稽睡不着觉就坐在船头玩月，免不了又想起团头的事，闷闷不乐。忽然动了一个恶念：何不把金玉奴弄死，再另娶一人。于是进仓把金玉奴哄出来赏月。金玉奴已经睡了，但不忍忤逆丈夫的意见，只得披衣出来。正在舒头望月，莫稽出其不意把她推入江中。莫稽悄悄唤起舟人，吩咐赶快开船，重重有赏，船出十里之外才停下来，莫稽对舟人说："刚才我妻子赏月掉入水中，已经来不及救了。"把几两银子付给舟人，舟人会意，不敢开口。

无巧不成书，莫稽刚刚移船，正好又有另一条官船停在那个地方，船上乘客是新上任的淮西转运使许德厚，忽然听到有女子落水的呼救声，其声哀怨，立即叫水手打捞上船来。金玉奴上得船来，想到丈夫是要害死自己，贵而忘贱，现在虽保住性命，但无处栖身，痛哭不已。许德厚自然盘问，于是金玉奴一前一后细细地叙说了一遍，许德厚夫妇都感伤坠泪，随即将金玉奴收为义女，安排她在后舱独宿，教手下人不许泄露此事。许德厚对金玉奴说，他为她作主，讨还公道。

许德厚到淮西上任，无为军正是淮西路的辖下，许德厚是莫稽的上司。许德厚到淮西后，特地召见莫稽，见他一表人才，应对得体，心想如果不是亲眼所见，怎么会想到他是一个薄情郎！终觉人才难得，决定再试他一次。于是数月之后，许德厚故意对他的下属说："我有一女，颇有才貌，年已及笄，希望能招到一个过门女婿，你们有时间的话，帮我物色一个。"他的下属都听说莫司户青年丧偶，齐声荐他才品非凡，堪作东床之选。许德厚说道："他，我也早就属意了，但少年登第，心高望厚，未必肯到我家做上门女婿。"他的部下立即说："莫司户出身寒门，倘能到你家做上门女婿，不啻是蒹葭之倚玉树，何幸为之？"于是众人纷纷向莫稽劝说的劝说、道喜的道喜。莫稽如闻纶音，立即应允，欣然说道："此事若蒙各位玉成，当结草衔环相报。"许德厚又说："虽承司户不弃，但下官夫妇钟爱此女，娇养成性，所以不舍得出嫁，只怕司户少年气概，不相饶让，或致小有嫌隙，有伤下官夫妇之心。须得预先讲过，凡事容耐些，才敢招他为女婿。"那些下属又立即转告莫稽，莫稽无不依允。这时他已比不得做穷秀才的时候，用金花彩币作聘礼，选了吉期，皮松骨痒，准备做转运使的女婿。

到结婚那天，莫稽冠带齐整、帽插金花、身披红锦、跨着雕鞍骏马，两班鼓乐前导，一路行来。许德厚家门前铺毡结彩，大吹大擂，等候新女婿上门。拜过了天地、拜过了丈人丈母、又进行了新人的交拜。该是入洞房的时候了，莫稽心中如登九霄云里，欢喜不可形容。仰着脸昂然而入，才跨进房门忽然两边门侧里走出七八个老妇人、丫环，一个个拿着篱竹细棒，劈头盖脸打将下来，把纱帽都打脱了，肩背上棒如雨下，莫稽连声大喊救命。正在危急时刻，只听到洞房中传出娇滴滴的声音说："休要打杀了薄情郎，暂且唤来相见！"众丫环仆妇这才住手，分别扯耳朵、拉头发、拽胳膊、牵衣裳把莫稽拖到新娘面前。莫稽心中还不服，大声质问："下官何罪，遭此毒打，你一个名门闺秀，就是这样对待丈夫的吗？"谁料新娘子把头盖红巾一掀，红烛辉映下，床头坐着的正是被自己推入水中溺毙的亡妻金玉奴，不禁惊惧万状，浑身颤抖、脸色苍白、魂不附体，连叫："有鬼！"

这时许德厚从外走进来，对莫稽说："贤婿休疑，这是我在采石江边上所认的义女。"

莫稽知罪，向许德厚磕头如捣蒜，许德厚说："这事老夫没有什么意见，只要我的女儿不追究就可以了。"于是莫稽又跪在金玉奴面前悔愧交加，金玉奴唾着他的脸骂道："薄幸贼！你不记得宋弘的话么：'贫贱之交不可忘，糟糠之妻不下堂。'当初你空手到我家做上门女婿，亏得我家资财，读书延誉，以致成名。我原指望夫荣妻贵，不想你忘恩负义，就不念结发之情，恩将仇报，将我推落江心。要不是恩爹相救，收为义女。一定葬身鱼腹，那时你别娶新人，于心何忍？我今天有何颜面，再与你完聚！"说着，放声大哭，千薄幸万薄幸，骂不住口。后人有诗说：

只为团头号不香，忍因得意弃糟糠，
天缘结发终难解，赢得人呼薄幸郎。

莫稽羞愧万般，只顾叩头求恕，经过许德厚的劝解，又搬来许夫人好言慰勉，直到三更时分，金玉奴骂也骂够了，哭也哭够了。许德厚说："虽是旧日夫妻，也算新婚花烛，贤婿诚心悔罪，今后必然不敢轻慢你了。"于是二人方才言归于好，重叙夫妻之情。

许德厚夫妇待金玉奴就像亲生女儿、待莫稽也如真女婿。金玉奴对许德厚夫妇也如亲生父母，连莫稽都感动了，把团头金老

大接到官衙，奉养送终。后来许德厚夫妇死时，金玉奴都服重
孝，以报他的恩德。莫家与许家世世为通家兄弟，往来不绝。

杨素与口吃者

　　隋朝时，有个人非常聪慧机敏，就是口吃。越国公杨素每到
闲闷得慌时，就将这个人召来神侃。一次，快到年根没有什么事
情，杨素又将这个人召来闲坐。杨素戏谑地说："有一个大坑一
丈深，方圆也一丈阔，派你进到这个大坑里面，你用什么方法才
能上来呢？"这个人低头沉思了好久，才问杨素："有梯子可以爬
上来吗？"杨素说："只当是没有梯子。如果说有梯子，还用再问
你吗？"这个人又低头沉思了许久，问："白白白白日，夜夜夜夜
地？"杨素说："你为什么需要问是白日还是夜里呢？只问你怎么
能从坑中上来？"这个口吃人说："如果不是黑夜，眼睛又不瞎，
为了什么东西入入坑里？"杨素开怀大笑。接着，杨素又问这个
口吃人："忽然任命你为将军。有一座小城，城里有兵不过一千
以内，粮草只够吃用几天，城外却有几万敌军围困。假如派你进
入这座小城里，你有什么好办法吗？"这个口吃的人沉思许久，
问杨素："有有救兵吗？"杨素说："只因为没有救兵所以才问你
呢？"口吃的人沉吟良久，抬头对杨素说："细细想想如如你说的
的的那那样样，免不不了了失败。"杨素又大笑。杨素又对这个
口吃人说："经考察，你这个人能力很强，没有你解决不了的事
情。我再问你一个问题，你家今天有一个人被蛇咬了脚，请问你

怎么给他治疗？"这个口吃人接着话音说："取五月五日南墙下雪涂涂，即即治好了。"杨素问："五月是夏天了，上哪里寻找雪去呀？"这个人回答说"如果五月五日没地方找雪，那么现在是腊月寒冬哪里有蛇咬人呢！"杨素听了，笑着将这个口吃的人打发走了。

萧何月下追韩信

项梁率领抗秦义军渡过淮河向西进军的时候，韩信带了宝剑去投奔他，留在他的部下，一直默默无闻。项梁失败后，改归项羽，项羽派他做郎中。他好几次向项羽献计策，都没有被采纳。刘邦率军进入蜀地时，韩信脱离楚军去投奔他，当了一名接待来客的小官。有一次，韩信犯了案，被判了死刑，和他同案的 13 个人都挨次被杀了，轮到杀他的时候，他抬起头来，正好看到滕公，就说："汉王不打算得天下吗？为什么杀掉壮士？"滕公听他的口气不凡，见他的状貌威武，就放了他不杀。同他谈话，更加佩服得了不得，便把他推荐给汉王。汉王派他做管理粮饷的治粟都尉，还是不认为他是个奇才。韩信又多次和萧何谈天，萧何认为韩信与众不同。汉王的部下多半是东方人，都想回到故乡去，因此队伍到达南郑时，半路上跑掉的军官就多到了几十个。韩信料想萧何他们已经在汉王面前多次保荐过他了，可是汉王一直不重用自己，就也逃跑了。萧何听说韩信逃跑了，来不及把此事报告汉王，就径自去追赶。有个不明底细的人报告汉王说："丞相萧何逃跑了。"汉王极为生气，就像失掉了左右手似的。

过了一两天萧何拜见刘邦，刘邦又怒又喜，责问萧何："你为什么要离开我？"萧何："我怎么敢离开，我是去追要离开的人。"刘邦："你去追谁？"萧何："韩信"。刘邦又问"走了那么多人你都不去追，却去追韩信，为什么？"萧何："走的那些人都比较容易得到，但是韩信却找不到第二个，大王如果只是想长期汉中称王那可以不用韩信，如果想争夺天下，那除了韩信就没有能为大王解决问题的人了，这全都看大王你的打算来决定的"。刘邦："我也想东进，怎么能一直呆在这个地方呢"。萧何："大王如果想东进，能重用韩信，他就会留下来，不能重用他早晚会离开大王的"。刘邦："我让他做将军"萧何"如果只是让他做将军，韩信一定不会留下"。刘邦："那让他做大将。"萧何："这很好。"于是刘邦就想叫韩信来册封他。萧何："大王拜将不可轻慢无礼，现在任命大将就像叫小孩一样，这就是韩信要离开的原因。大王想要任命他一定要选一个好日子，斋戒，设坛场等礼数都齐全了才可以。"刘邦同意了。到任命大将的这天，诸将都很高兴以为会任命自己做大将。等到知道新任命的大将是韩信，整个军队都很吃惊。然而，就是这个韩信，为刘邦打下了汉朝江山，立下汗马功劳。

陆游与唐婉的爱情

南宋著名爱国诗人陆游，一生遭受了巨大的波折，他不但仕途坎坷，而且爱情生活也很不幸。宋高宗绍兴十四年，二十岁的陆游和表妹唐婉结为伴侣。两人从小青梅竹马，婚后相敬如宾。然而，唐婉的才华横溢与陆游的亲密感情，引起了陆母的不满，以至最后发展到强迫陆游和她离婚。陆游和唐婉的感情很深，不愿分离，他一次又一次地向母亲恳求，都遭到了母亲的责骂。在封建礼教的压制下，虽种种哀告，终归走到了"执手相看泪眼"的地步。陆游迫于母命，万般无奈，便与唐婉忍痛分离。后来，陆游依母亲的心意，另娶王氏为妻，唐婉也迫于父命嫁给同郡的赵士程。这一对年轻人的美满婚姻就这样被拆散。十年后的一个春天，陆游满怀忧郁的心情独自一人漫游山阴城沈家花园。正当他独坐独饮，借酒浇愁之时，突然他意外地看见了唐婉及其改嫁后的丈夫赵士程。尽管这时他已与唐婉分离多年，但是内心里对唐婉的感情并没有完全摆脱。他想到，过去唐婉是自己的爱妻，而今已属他人，好像禁宫中的杨柳，可望而不可及。想到这里，悲痛之情顿时涌上心头，他放下酒杯，正要抽身离去。不料这时唐婉征得赵士程的同意，给他送来一杯酒，陆游看到唐婉这一举动，体会到了她的深情，两行热泪凄然而下，一扬头喝下了唐婉送来的这杯苦酒。然后在粉墙之上奋笔题下《钗头凤》这首千古绝唱：红酥手，黄滕酒，满城春色宫墙柳。东风恶，欢情薄，一怀愁绪，几年离索。错！错！错！春如旧，人空瘦，泪痕红浥鲛绡透。桃花落，闲池阁，山盟虽在，锦书难托。莫！莫！莫！

陆游在这首词里抒发的是爱情遭受摧残后的伤感、内疚和对唐婉的深情爱慕，以及对他母亲棒打鸳鸯的不满情绪。陆游题词之后，又深情地望了唐婉一眼，便怅然而去。陆游走后，唐婉孤零零地站在那里，将这首《钗头凤》词从头至尾反复看了几遍，她再也控制不住自己的感情，便失声痛哭起来。回到家中，她愁怨难解，于是也和了一首《钗头凤》词。

世情薄，人情恶，雨送黄昏花易落；晓风干，泪痕残，欲笺心事，独语斜栏，难，难，难。　　人成各，今非昨，病魂常似秋千索；角声寒，夜阑珊，怕人寻问，咽泪装欢，瞒，瞒，瞒。不久便郁郁而终。此后，陆游北上抗金，又转川蜀任职，几十年的风雨生涯，依然无法排遣诗人心中的眷恋，他六十三岁，"偶复来菊缝枕囊，凄然有感"，又写了两首情词哀怨的诗：

采得黄花作枕囊，曲屏深幌闷幽香。
唤回四十三年梦，灯暗无人说断肠！
少日曾题菊枕诗，囊编残稿锁蛛丝。
人间万事消磨尽，只有清香似旧时！

屈原的理想

战国时代，称雄的秦、楚、齐、燕、赵、韩、魏七国，争城夺地，互相杀伐，连年不断混战。那时，楚国的大诗人屈原，正当青年，为楚环王的左徒官。

那时西方的秦国最强大，时常攻击六国。因此，屈原亲自到各国去联络，要用联合的力量对付秦国。怀王十一年，屈原的外交成功了。楚、齐、燕、赵、韩、魏六国君王齐集楚国的京城郢都，结成联盟，怀王成了联盟的领袖。联盟的力量，制止了强秦的扩张。屈原更加得到了怀王的重用，很多内政、外交大事，都凭屈原作主。

因而，楚国以公子子兰为首的一班贵族，对屈原非常嫉妒和忌恨，常在怀王面前说屈原的坏话。说他夺断专权，根本不把怀王放在眼里。挑拨的人多了，怀王对屈原渐渐不满起来。秦国的间谍把这一情况，报告秦王，秦王早想进攻齐国，只碍着六国联盟，不敢动手，听到这个消息，忙把相国张仪召进宫来商量。张仪认为六国中间，齐楚两国最有力量，只要离间这两国，联盟也就散了。他愿意趁楚国内部不和的机会，亲自去拆散六国联盟。

秦王大喜，准备了金银财宝，交给张仪带去。张仪将相印交还秦王，伪装辞去秦国相位，向楚国出发。张仪到了郢都，先来拜访屈原，说起了秦国的强大和秦楚联合对双方的好处，屈原说："楚国不能改变六国联盟的主张。"

张仪告诉子兰："有了六国联盟，怀王才信任屈原，拆散了联盟，屈原就没有什么可怕了。"子兰听了，十分高兴。楚国的贵族就和张仪连成一气。子兰又引他拜见了怀王最宠爱的王后郑袖，张仪把一双价值万金的白璧，献给了郑袖。那白璧的宝光，把楚国王后的眼睛都照花了。郑袖欣然表示，愿意帮助他们促成秦楚联盟。大家认为："要秦楚联合，先要拆散六国联盟；要拆散联盟，先要怀王不信任屈原。"

子兰想了一条计策：就说屈原向张仪索取贿赂，由郑袖在怀王面前透出这个风声。张仪大喜说："王后肯出力，真是秦楚两国的福分了！"张仪布置停当，就托子兰引见怀王。他劝怀王绝齐联秦，列举了很多好处。最后道："只要大王愿意，秦王已经准备了商于地方的六百里土地献给楚国。"怀王是个贪心的人，听说不费一兵一卒，白得六百里土地。如何不喜。回到宫中，高兴地告诉了郑袖。郑袖向他道喜，可又皱起眉头："听说屈原向张仪要一双白璧未成，怕要反对这事呢！"怀王听了，半信半疑。

第二天，怀王摆下酒席，招待张仪。席间讨论起秦楚友好，屈原果然猛烈反对，与子兰、靳尚进行了激烈争论。他认为："放弃了六国联盟，就给秦国以可乘之机，这是楚国生死存亡的事情呵！"他痛斥张仪、子兰、靳尚，走到怀王面前大声说："大王，不能相信呀！张仪是秦国派来拆散联盟、孤立楚国的，万万相信不得……"。怀王想起郑袖所说，果然屈原竭力反对秦楚和好；又贪图秦国的土地。不禁怒道："难道楚国的六百里土地抵不上你一双白璧！"就叫武士把他拉出宫门。

屈原痛心极了，站在宫门外面不忍离开，盼着怀王能醒悟过来，改变主意，以免给国家带来灾难。他从午站到晚看见张仪、子兰、靳尚等人欢欢喜喜，高高兴兴走出宫门，才绝了望。他叹着气喃喃地说："楚国啊，你又要受难啦……"屈原回到家中，闷闷不乐，想到亲手结成的联盟一经破坏，楚国就保不住眼前的兴旺，不禁顿脚长叹。

替他管家的姐姐女媭问明情由，就知他遭到了小人的陷害，劝他不要再发议论了，屈原道："我是楚国人，死也不能看到楚国遇到危险啊！"他认为怀王会醒悟，定会分清是非的。只要怀王回心转意，楚国就有办法了。但是怀王不再召见他，他越来越忧愁，常常整夜不眠。他写了一篇名叫《离骚》的长诗，把对楚国的忧愁和自己的怨愤都写了进去。"离骚"就是"离忧"，人在遭遇忧愁的时候，怎不呼叫上天和父母，以抒发自己的怨愤呢！

这篇诗传到宫中，子兰、靳尚等人又得了攻击的材料，说屈原把怀王比作桀纣。怀王一怒，撤掉了屈原的官职。郢都的空气快把屈原逼疯了。女嬃劝他换个地方去休养一阵，他大声说："我不能带着楚国和百姓一起走呀！"但在女嬃的日夜劝说下，他到底搬出了郢都，准备住到汉北去。他走一阵，又回望一阵，"这雄壮的郢都城啊！"

他挂念着国事，到一处就歇几天，打听一下消息。有一天，他看到一座古庙里的墙壁上，画着天地神灵和古代圣贤的故事。圣君贤王的事迹触动了他的心事，他想不通怀王为什么这样糊涂。他对神灵大声喝问："这世界究竟有没有是非？……"因此写成了《天问》这篇长诗。神灵没有回答他，可事实却对他作了回答。当怀王和齐国断绝了邦交，拆散了联盟以后，就派人跟张仪到秦国去接收土地。

将近秦都咸阳，张仪装作喝醉了酒，在下车时跌了一跤，推说跌伤腿，就别了楚使，先进城去了。楚使住在客馆里，天天去见张仪。张仪总是推腿伤未愈不能接见。一直过了三个月，张仪得到六国联盟确实已经瓦解了的消息以后，才出来接见楚使。

当楚使提到交割土地时，张仪赖得一干二净。他说："我说献给楚王的，是自己的六里俸地。秦国的土地怎么能够献给人呢？"楚使有口难言，只得空手回来报告楚王。这一来，可把怀王气昏了。他仗着这几年养精蓄锐，兵粮充足，就派了大将屈平，带领十万大军，进攻秦国。

秦王立刻改变了攻齐的计划，索性联合齐国，分两路迎击楚军。楚军挡不住两国的夹攻，连打几个败仗，秦兵占领了楚的汉中地方。消息传到汉北，把屈原急坏了。他愤怒、叹气，最后决定赶回郢都，设法去抵抗秦国。

半路上，他接到了怀王的命令，派他出使齐国，恢复联盟。屈原高兴地想："大王到底回心了！"就立刻奔赴齐国。怀王违背联盟，齐国十分愤恨。但是屈原是齐王敬重的人，经过一番谈判，就答应撤回助秦攻楚的齐兵。屈原还未返国，就得到了秦楚议和的消息。他怕怀王再受欺骗，连忙辞了齐王，赶回楚国去。

他到了楚国云梦地方，看见当地百姓正在追悼在战争中阵亡的将士。屈原十分感动，停下车进去参拜。他立在神位面前诵读他所作的《国殇》诗，悼念为国牺牲的战士。念到沉痛的地方，百姓都流下泪来，屈原也放声痛哭。屈原走了几天，忽听传说：张仪又到郢都来了。他不禁连连跺脚，日夜兼程，向郢都赶去。

子兰、靳尚听见屈原回来了，连忙来报告王后郑袖。他们都怕屈原再回郢都，让他留在怀王面前，日久总是大患。这夜，郑袖就向怀王哭诉："屈原在云梦地方对百姓说，那些阵亡的，都是我向大王进言而冤死的。这回他回来，要替冤死的伸冤报仇。"怀王听了大怒："他敢这样？简直是疯了！"郑袖趁机进谗："是疯了！不是疯了怎会对百姓说这样放肆的话？我怕见他！他要在郢都，就让我到江南去！"

第二天，怀王下了一道命令：任屈原为三闾大夫，不必进宫，立刻赴任。他派子兰把命令送给屈原。子兰见了屈原，奸笑着向他道喜，传达了怀王的命令。屈原却呆了，他仰天长叹："大王，你再不能糊涂哟，楚国的江山，楚国的百姓，全在你的身上哟！"女媭怕他再惹祸殃，劝他赶快离开郢都去上任。屈原说："你是替我担心，我是替楚国担心呢！"但是寻思无计，只得准备上任去。

屈原走了，楚国满朝文武都投入郑袖、子兰一党，联盟不久又散了。从怀王二十七年起，秦国连连对楚国发动战争。楚国国势一天不如一天，失掉了对抗秦兵的力量。怀王三十年，秦国占领了楚国北部的八座城池。怀王正在愁闷，忽然接到秦王的来信，请他到秦国武关地方，商谈秦楚永世友好的办法。怀王左思右想，决不下主意：要不去，只怕秦军向南进攻；要去呢，又怕秦国心怀叵测。

子兰首先劝怀王："秦王愿意和好，这机会可失不得。"靳尚也说："走一遭儿，至少有几年太平。"怀王回到后宫，又听了郑袖一番劝行的话，这才打定了主意，马上写了回信，同意去武关会谈。准备了几天，他和靳尚带了五百人马动身，才离郢都，途中只见有一匹马飞一般奔来。

奔到跟前，马上的人跳下，伏在车前，大声恸哭。怀王一看，原来是三闾大夫屈原，他听到了怀王要去武关的消息，连夜飞马而来。只听他悲声说道："大王啊！秦国如虎口，这危险冒不得哟！你要想想楚国的祖宗和百姓，不能单听小人的说话哟！"十多年不见，屈原憔悴了。怀王见了他，想起这十多年来国势，一天天走下坡，心里也涌起了一阵感伤。

他正在沉思，靳尚站出来狠狠地对屈原说："今天是大王出门的好日子，三闾大夫说这些丧气话什么意思？"屈原气得嘴唇发抖，颤声说道："上官大夫！你是楚国人，也该替楚国想想，不能把大王送进虎口啊！"靳尚大怒，迭声叫让开。屈原攀住了车辕不肯放手。靳尚令人把屈原推倒在地，扬鞭催马，簇拥着怀王走了。

屈原爬起来，一边追，一边叫。靳尚只怕怀王心里动摇，加快一鞭，那车飞一般去了。屈原喘着气站住了，眼睁睁望着向西而去的人马，等到不见了影子，还呆呆立在那儿。不到半个月，靳尚只剩下一人一马逃回郢都。果不出屈原所料，怀王和五百人马一到武关，就被秦国扣留，已经送往咸阳。

恶耗传遍了全国。郑袖为了安定人心，立太子熊横为顷襄王，自己掌握国政，任命子兰做管理全国军政的令尹。屈原拚死赶到郢都，要求顷襄王恢复六国联盟，用强大的实力，向秦国讨回怀王。子兰等人是劝怀王去秦国的，怕怀王回来问罪，又怕得罪秦国。因此不但不听屈原主张，而且立刻驱逐他出都。不许他再回郢都。

这班人赶走了屈原后，醉生梦死一般地过日子，过了三年忽然接到怀王的死讯。原来，怀王到了咸阳，秦王就大会群臣，然后接见怀王，要他当面立下割让黔中地方的文书。怀王愤怒已极，一口拒绝了。秦国就把他扣押起来。关了一年多，看守渐渐松了，怀王就把看守人灌醉，换了服装逃出咸阳。

走了几天，到了赵国地界，怀王说明情由，请求救援，但是赵国人恨他屡次破坏联盟，不许进城。怀王懊恼地向南走，想投奔魏国去。才到半路，秦兵已经追到，把他捉住了。怀王重新被押回咸阳，气得吐血，生了一年多病，在顷襄王三年时死了。

秦国把这副无用的枯骨送还楚国。怀王的灵柩到达郢都的时候，楚国百姓个个感到奇耻大辱，沿路都有人失声痛哭。这事件把屈原的心击碎了，他本来把复兴楚国的希望寄托在怀王的醒悟上，现在觉得什么都完了。他在怀王灵柩面前哭昏了过去。他要求顷襄王趁各国都在怨恨秦国的机会，设法联络，一同对付秦国。顷襄王全不听他。

他就日夜在宫门前痛哭，期望打动顷襄王。这可惹恼了郑袖，叫子兰来斥骂他："你不听命令，是看不起大王吗？再不回去，就叫人押着你走！"屈原厉声大骂："是你劝大王到秦国去的！你是楚国的令尹吗？你是秦国的奸细啊！把国家闹成这个样子，楚国的百姓要吃你的肉哩！"子兰慌忙报告郑袖，郑袖大怒："这是疯子，还能让他做什么官，让他死得远远的，永远不准回来！"

她立刻叫顷襄王革掉屈原的三闾大夫职位，叫人押送，流放到江南去，永远不准过江。屈原被押回家，见了女婆，长叹一声："我吃苦受屈都不要紧，只恨他们把国家断送了！"他把这个家，托女婆搬回故乡去。又设了灵位，祭奠怀王。他念着招魂的长诗，怀念着当年兴旺的楚国。

屈原到了流放的陵阳地方，日夜心烦意乱。他知道楚国定有灾难："但是我怎能为了逃避灾难，离开出生的地方，到处乱撞呢？"屈原考虑了几天，觉得楚国一片黑暗，闷得气也难喘，因此决定出国去走一遭儿。走了几天，到了楚国的边境，他又踌躇起来。

他的马悲哀地嘶叫着，马夫也回头望着楚国叹气。屈原不禁激动地说："对，我们是楚国人、楚国马，死也要死在楚国的土地上！"他回到陵阳住了九年，既没有回郢都的希望，又听到楚国的局面越来越坏。每个传来的消息都使他坐立不安。他想起怀王是因为拒绝割让黔中才死在秦国的，决意到这块地方去看看，来到黔中郡溆浦地方住了下来。爱国的火焰在他心里燃烧，可自己又无能为力。他只能每天在山边湖旁踱着。

满腹的忧愁愤恨，他都写成了诗篇。他越来越老了，但是复兴楚国的希望，却一天也没有熄灭过。顷襄王二十一年，一个晴天霹雳般的消息把他击昏了：秦将白起进攻楚国，占领郢都，楚国的宗庙和陵墓都被毁了。楚国要亡了！他决定回到郢都去死在出生的土地上。他头也不梳，脸也不洗，昏昏沉沉的走了几天，到了汨罗江边。他在清澈的江水里看见了自己的满头白发，心里像波浪一样翻腾起来。

联盟给小人破坏了，楚国受到了危险，百姓遭到了灾殃。屈原在江边踱着。他怀念郢都，怀念百姓，憎恨敌人，憎恨奸邪，决心用自己的生命去警告卖国的小人，激发全国百姓的爱国赤忱。这里的土地没被秦兵践踏过，是干净的。他解下衣服，包着江边的石头，用带子紧紧缚在自己身上。奋力向江心一跳。爱国诗人带了楚国的干净石块，很快沉了下去。这天是五月五日。屈原死后，百姓敬重他，哀悼他。因为他是和危害楚国的小人奋斗到死的，所以到了他的忌日，百姓们就挂起昌蒲剑，喝着雄黄酒。预防奸邪的侵害。

百姓相信爱国诗人是不会死的，每年五月五日，他们摇着龙船，到处去寻觅诗人。他的爱国精神，已经在中国人民心中生了根。

李清照买书

北宋女词人李清照十分爱读书，常常因得到一本好书而不食不眠。她从不像其它的女儿家对胭脂水粉兴趣浓厚，反倒痴迷醉心于读书。所以平时李清照出门逛街的时候，很少买针线首饰之类的东西，她最爱去的地方便是书市。

有一年清明前，李清照的姨母给她做了一件漂亮的裙衫，让她在清明时节踏青时穿。一个人冬天在家闷得太久，望见外面一片生机，春意盎然，心情也变得活泼起来。看着身上的新衣，颜色考清淡之中泛着微黄，就像柳树的新芽，李清照不禁赞叹姨母做衣服的水平，衣服不但照映着自然景色，而且还可以让人的心情变得欢畅。

自然景色固然是好，可是李清照改变不了自己的痴迷爱好，竟不由自主地来到书市。也许是天气的缘故，这天在书市闲逛的人也格外多。李清照在一个又一个的摊位前仔细翻看着，希望找到自己中意的东西。

她就这样以赏玩的心思慢慢游逛，觉得很有意思，就这样走到了一个不被人注意的小角落。那里有一位须发皆白的老者，只守着一个小摊，上百放着一摞书。老者看起来风度翩翩，并不像普通的商贩，更奇怪的是，他并不招揽顾客，好像并不希望自己的书卖出去似的。李清照觉得非常有意思，便走了过去，想和老者说几句话。可是她突然被地上的书吸引住了，书皮上以篆字写着《古金石考》。她不禁大吃一惊，这就是她梦寐以求的古书，这部书流落民间几乎失传，所以她找过好多人帮着购买，结果都没有买到。现在的李清照只见书本，不见老者，抑制不住自己的惊喜，拿起一本便翻看起来。

过了很久，李清照仍在忘我地读着《古金石考》，越看越着迷。不知什么时候，她突然猛醒这是人家要卖的书。她抬起头不好意思地对老者笑了笑。老者带着慈祥的笑容对她说："没关系！"李清照手里紧握着书，急切地问："老伯，您这套书可是要卖的？"老者点点头："是啊，这是家传的一部古书，按理讲是绝不能卖的。唉，也是小老儿没用，祖上虽然是诗书世家，到了我这一代，竟然只能做个教书先生。也是时运不济，家遭变故，实在是没有可以救急的对象儿了，只好忍痛将这部书拿来典当啊！"老人说着，显出一种舍不得的神情，他顿了一下接着说："可是，我还是不忍心就这么把它送到当铺，交给那些不知道珍惜的人去糟蹋，所以就在这儿等着，只想等个懂得它的人来，给它个好归宿！姑娘，看得出你是个识货的人！你要能买了它去，也算了了小老儿的一桩心事。"李清照微笑着问老人："老伯，您需要多少钱来应急？"老者说："唉，应急至少也得三十两吧。姑娘你看着给吧，只要能好好地保存它，就是少点也没什么。"

没等老者把话说完，李清照把自己随身带的钱全部倒出来，仔细查点也不过十两左右，出门时只想闲逛，没想着要买什么，没有多带钱啊。李清照显得有些着急，对老者说："老伯，我今天出门仓促，没有带那么多现钱，你明日可否还在这里？我一定带多于三十两来拿书，好吗？"老者很是为难地说："姑娘，不是我不答应你，我已经在这里等了三天才等到你这个有缘人，可是我的盘缠早就用得差不多了，不可能再在这里住上一晚。更何况我和家人已经说好，今天日落，无论这书卖不卖得出去，都要和他们一起出城回家的。"

李清照一听，急忙抬头望天，这时已近日暮，就算雇车回家也未必能赶上。她一时间竟不知道怎么办才好。看着李清照着急的模样，老者也有些于心不忍，只好安慰李清照说："姑娘，你也不用太过着急，唉，就当是你和它没缘吧！也许有一天，你还能再碰上它呢。"李清照听着老人的话，心里很不是滋味，不但帮不了老者，还失去了保存古书的机会。她不自觉地握了一下衣角。这一握让李清照有了办法，她立即对老人说："老伯，您只要再等我一会儿，只一会儿就好！一定要等我啊！"然后转身就跑，留下不知所措的老人站在那里。

过了半个时辰后，老者见李清照只穿一件内衬的单衣，跑了回来，手里拿着银两。原来，她把自己的新衣给典当了，换了二十多两银子，连同自己原来的十几两银子，一起交到老人手中。老者看着一个年轻姑娘家竟然为了一套书，不惜当街只穿着单衣薄衫，十分感动。老者说什么也只要三十两，可是李清照没有让他再推辞："老伯，您给我的可是无价之宝啊，若是今日我身边能再有些银两也会倾囊相赠的。您就不用推辞了。"然后，李清照抱起那套珍贵的《古金石考》，穿着单衣在乍暖还寒的春天里回家去了。

　　李清照后来成为我国文学史上的第一女词人，与她对知识的热爱，对书的痴迷是分不开的。正是因为痴迷她才可以有所放弃，即使是姨母赠送的新衣服也可以典当出去。

刘墉智告贪官

　　一天傍晚，乾隆皇帝来到午门散步。抬头一望，只见午门至正阳门那段御道由于年久失修，不少处已磨损得坑坑洼洼，觉得有失皇家体面，非整修一下不可。于是他便令和珅承办此事，让他造出预算，限两月之内竣工。和珅得皇上宠信，但贪婪成性，是个雁过拔毛的角色。他奉旨之后非常高兴，觉得又得了个发财的良机。三天后早朝时，和珅就带本奏道："皇上，这段御道确实有碍观瞻，必须全部换新。由于所需石料要从数百里外的房山采办，石匠精雕细刻，故而工程浩大，即使从紧开支，至少也需白银十万两。"乾隆皇帝二话没说，立即照准。此后，御道旁立即搭起了不少工棚，并将御道两旁用草苫遮住，数百匠人叮叮当当地日夜干了起来。结果，不足一月，御道就提前峻工了。乾隆皇帝在和珅陪同下一看，果然见御道平坦，焕然一新，不由龙心大喜，连声赞好。次日早朝时，乾隆皇帝就当众宣旨："和爱卿这次主修御道，夜以继日，既快又好，提前一月完工，劳苦功高，朕赏你白银一万两，再升官一等。"和珅得意洋洋，名利双收，连忙谢恩。谁知过了没几天，此事的底细被刘墉无意中发现了：原来和珅根本没有去房山采办石料，只是将原来的石块撬起来，令石匠在反面雕刻了一下，把下面的路基平整后，一铺上便跟新的一样。因此，工期缩短，成本又省，总共只花了一万两银子。刘墉便决心将它揭露出来，让和珅当众出丑。

第二天上早朝时，刘墉待大家进太和殿后，飞快地将身上的朝服脱下，反过来套上，然后悄悄跟了进去。乾隆皇帝端坐在九龙椅上，居高临下，抬头一看，忽见群臣后面站着个衣着与众不同的人，觉得奇怪，再细一看，却是协办大学士刘墉。心想：他向来十分注重仪表，办事小心谨慎。今天怎么昏头昏脑地将朝服也穿反了，这是怎么一回事？这一细节很快被向来看着皇上眼色行事的和珅发现了。因当时明文规定：上朝时如果朝服不正，要判罪的。他心想：刘罗锅，这下你有好果子吃了。便故意幸灾乐祸地说："刘大人，你今天怎么啦？和珅这么一咋呼，群臣见了都为刘墉捏了一把冷汗。奇怪的是，那刘墉却低着头置若罔闻。要是换个大臣，乾隆皇帝早就发火降罪了，但念及刘墉一向忠心耿耿，便改用责备的语气问："刘爱卿，你怎么将朝服穿反了，快出去穿好了再来见朕。"刘墉这才恍然大悟地出去，穿好了又进来，跪地奏道："启奏皇上，微臣今日将朝服反穿了，确实不该，请皇上恕罪。不过，朝服穿反显而易见，可如今有人将御道仅仅翻了个面，再略加修饰，就侵吞公款，大肆渔利，虽发生在大家的鼻子底下，恐怕就不易察觉了吧？"刘墉话音一落，刚才正趾高气扬的和珅，顿时像矮了一截，脸色大变。"什么？你说这御道是翻个面铺的。"乾隆皇帝一听，连忙追问，"刘爱卿，这到底是怎么一回事？快细细奏来。"刘墉大步向前，伏地奏道：

"万岁，此事为臣偶然听说，并已去现场查勘。不过，还是请皇上先问和大人为妙。"乾隆皇帝暗吃一惊，便问和珅："你还不实说？"和珅见东窗事发，再也无法隐瞒，忙跪倒在地，说："为臣该死，确实未去房山采石，只是将原有的石块翻转过来雕刻了一下，重新铺上。"乾隆皇帝顿时怒形于色："你好大的胆，那么你总共花了多少银子？"

"一万两。"乾隆问："那其余的九万两呢"

"这——"和珅光是拚命叩头，再也答不出话来。刘墉奏道："皇上，这还用问，其余的早落入了和大人的腰包。嘿，想不到这么一项小工程，和大人竟能变出大戏法。望皇上明断。"直到这时，群臣才知道刘墉反穿朝服的用意。乾隆皇帝早已怒气满胸，可和珅与自己情投意合，凡事又离不开他，只得高高举起，又轻轻放下："大胆和珅，竟敢欺君罔上。朕命你速将贪污和赏赐给你的银两退回国库，并免去你的官职一级。而这段御道须按你原来方案重新建造，所需银两则罚你出。下不为例，否则严惩不贷。"和珅只得自认倒霉，表示认罚，并连连谢罪。纪晓岚奏道："皇上，刘大人参奏有功，理该有赏。"乾隆皇帝朝刘墉笑道："好，朕赏刘爱卿朝服三件。不过，下次你切勿将它再穿反了。"刘墉忙道："谢主隆恩。如今御道之案已正，为臣岂会再将朝服反穿！"

乾隆剃头

　　乾隆皇帝下江南游玩路过皂河。天晚了就住在行宫里。转天清早起来乾隆问随从太监："今天是什么日子"太监说："启禀皇上，今儿个是二月二。"乾隆听了很高兴："好今天龙抬头。我要剃头取个吉利。"于是命太监去找个手艺高的理发师傅来。太监急急忙忙到一家有名的剃头棚请来一位好师傅先教了他参拜皇上的礼法然后才领着他面见皇上。理发师傅行了大礼后乾隆说："给朕理发有三条规定：第一不许用臭嘴熏我；第二不许喘大气喷我；第三不许划破我的头皮！"理发师傅听说给皇上剃头早慌了神，听了这三条规定更吓得六神无主。想不剃犯"抗旨"罪要杀头。没有办法只得硬着头皮给皇上剃。太监给他一把砂仁含在嘴里防止口臭。那时"剃头"并不是剃个光葫芦而是在头中心梳辫子周围留一圈齐马穗俗称"留锅圈儿"然后再用剃头刀刮边。这理发师傅越提心吊胆手就越哆嗦剃了没两下心里发慌手一抖"哧"在乾隆的后脑勺上拉了一个口子。乾隆一声喝骂："混账东西你要刺杀朕，牵拉出去！"侍卫们立即把理发师傅拉出去砍了头。乾隆把太监骂了一顿传旨换一个手艺高的来。工夫不大又找来一位理发师傅。乾隆又把三条规定重说了一遍还加了一句："给朕拉了口子小心脑袋！"把理发师傅吓得脸色惨白浑身颤抖。剃了没两三下"嚓"的一声乾隆的脑门子上又出了一个口子。乾隆更加恼火："好大胆的贱民胆敢在朕面前行凶，给我推出去！"

侍卫们又把这位师傅推出去砍了头。这可把乾隆气坏了他拍着桌子训斥太监："快去把他们掌柜的叫来！"太监也害怕了慌里慌张地跑进剃头棚冲着掌柜的撒气发威："好你个狗崽子谁叫你派两个废物去给皇上剃头把皇上脑袋瓜上拉了两个口子直冒血筋儿。皇上急了传你去剃好了有赏剃不好别想要脑袋！"掌柜的一听吓得魂不附体浑身筛糠急忙跪下磕头求饶："公爷我胆小不敢见皇上。您另请高明吧！"太监骂道："你敢抗旨不遵！不要脑袋啦！"掌柜的心想两位手艺高的都不行我这两下子更是白搭了。哎三十六计走为上策！他面带微笑："您别着急我去请稍等一会儿我到后面换件衣服就走。"掌柜的点头哈腰说着溜到后边逃走了。

这时剃头棚只剩下一个十五六岁的小伙计，他是山东人因为家乡闹灾荒，逃难到皂河求条生路就在这家剃头棚里学手艺。小伙子一口山东土腔掌柜的给他起了个外号叫"小怯勺"。别看他说话口音侉可人聪明勤快是个机灵鬼儿。他正在练剃头拿着剃头刀刮冬瓜皮上的白霜一刀接着一刀刮得利索干净。其实小怯勺早已练好功夫很想找个头试试身手可掌柜的就是不让他上座。太监等了一袋烟的工夫还不见掌柜的出来就冲着小怯勺大发雷霆："你们掌柜的怎么还不回来？"小怯勺笑着说："公爷实话对您说掌柜的怕见皇上他脚底下抹油——溜啦！让我去中不中？"太监把头摇得像拨浪鼓似的："胡闹！两个手艺高的老师傅都砸了锅你个小毛孩子能行？弄不好连我的脑袋也保不住！"小怯勺一本正经地说："怎么牵公爷您别看我年纪小咱手艺可比他们高着呢！俗话说有志不在年高您让我去准保皇上满意。"太监琢磨：掌柜的跑了正愁没处找人权且带这个小替死鬼去也许他还真行。他们来到行宫，乾隆皇帝见是个小孩马上满脸怒气刚要斥责太监，小怯勺急忙给乾隆磕头道："皇上万岁万万岁！您别看我人小手艺可是顶呱呱呀！大伙都叫我'小神手'我要是给您剃不好就杀了我中不中？"乾隆见这小孩能说会道气消了一半。再仔细一瞧这小孩个头不高不矮五官端正长得很精神心里又生了三分喜爱，于是就答应让他给剃头。小怯勺开始也有点儿怕可心里早打好了谱：俺万一失手就豁出去先下手为强把你的脑袋削下去拿条小命儿换你皇帝的老命也够本。他这么一想就不害怕了。再说小怯勺的基本功练得确实扎实心沉静下来手头麻利，不大会儿工夫就剃完了，刮完脸梳好辫子。乾隆皇帝好像一点感觉没有舒舒服服地理了发整了容。拿镜子一瞧，嘿！甭提多好啦。不由伸出大拇指连声称赞："真不愧是剃头'小神手'！"又转回头埋怨太监："要是早传他来何至于给朕划两个口子！"太监急忙跪下道："奴才有罪奴才该死！"这时小怯勺接过话说："启禀皇上，这咋能怨公爷呀。其实那两位师傅的手艺都比我高他们害怕手哆嗦才伤了皇上龙头！"乾隆纳闷问：你怎么不怕？"小怯勺回答："您是真龙天子天下数您最尊贵啦！您叫我剃头我高兴还来不及怕啥！"乾隆听了这番话前思后想心说："唉呀！这两位师傅本是忠于我的只因害怕才给我……错杀了。错杀了后悔也来不及了多赏赐些抚恤银两好好埋葬。"乾隆想罢，便传下旨意，命地方官好生办理去了。乾隆见这个小剃头的手艺好，有胆量，人也满机灵，封为五品随贺官，专门给他理发整容。从此以后，皂河这个地方剃头匠就多了起来，直到今天仍然如此！

张大千卉房买画

抗战胜利后，张大千先生曾一度借居在北京颐和园内。北京的风土人情和文化氛围令张大千神往，他即打算在北京定居。其时正好有一清王府房屋出售，张大千看房后很是满意，便与房主谈妥了价钱，交付了定金。某日，张大千从一位古玩商的口中得知，南唐顾闳中所作的中国人物画珍品《韩熙载夜宴图》被北京玉池山房购得。张大千闻讯后坐立不安，急切想见到并买下这张名画。韩熙载乃后唐同光进士，归南唐后，他广蓄声妓，佯狂自放。此图描绘的是他夜宴的场景，乃国画之粹，稀世珍宝，被历代帝王珍藏。日军侵华时，清末皇帝溥仪将此画带至长春伪满宫中。抗战胜利后，伪满宫中失散的珍宝有一部分流散于民间，《韩熙载夜宴图》便在其中，后来辗转流落到北京玉池山房。当日晚上，张大千来到北京南新街一位姓萧的朋友家中，张有点神秘地告诉那位朋友："听说玉池山房买得了《夜宴图》未知这消息当真否？"朋友说："这可是千载难逢的好机会呀！你千万不要错过，应该去看看的。"张大千想了说："你说得对，我这就去看看。"那朋友的儿子萧允中是张大千的学生，朋友让他陪张大千前往。好在朋友的家离玉池山房不远，他俩不一会儿便来到玉池山房。张大千与此画果真有缘，那一天虽说天色已晚，玉池山房却尚未打烊。店里的老掌柜马霁川正打着算盘，整理着当天的账目。老掌柜见张大千师徒光临，马上站起来拱手相迎道："张八爷来了，有失远迎。"张大千与马掌柜交谊甚厚，便开门见山地问道："听说柜上买得好字画，可否让我一观？"马掌柜深知张大千的人品，便毫无隐讳地告诉张："您来的正是时候。"他边说边从一个紫檀木大立柜中取出一个用锦缎层层叠叠裹着的包袱，轻轻地放在写字台上，然后小心翼翼地打开三层锦缎，一件尺余高的手卷即呈现在张大千眼前。他按捺不住狂跳的心，迫不及待地展开画卷观赏。随即与马掌柜协商卖价，马掌柜索价500两黄金，张大千不假思索地答应了。携了画卷，张大千风风火火地回到朋友家，与朋友同赏这件稀世名画。他俩揣摩——阵之后，一致认定这幅《夜宴图》绝对是真品，高兴万分。可是其画索价500两黄金，这些钱从何而出？张大千与朋友商量再三，决定暂缓买王府的房子，先买下《夜宴图》。他感慨地对朋友说："房子以后还有，而此图一纵即失，永不再返。"次日，他便筹足了500两黄金，交付至玉池山房。

张大千得到《韩熙载夜宴图》后，不时展玩此卷，视为无上珍宝。他先后去过香港、美国、台湾，始终将其随身携带，拱若珍璧。他还专为《夜宴图》刻了一枚印章，"东南西北，只有相随无别离"，加盖在图卷上。

徐悲鸿对齐白石的知遇之恩

1928年，徐悲鸿担任北平大学艺术学院院长，他认为齐白石的艺术具有独创精神，就打算聘齐白石为教授，想用齐白石的艺

术来矫正当时的画风流弊。齐白石开始不答应，因为他自忖虽然
也教过画，但是都是传统的师徒传授方式，况且自己只上过半年
学，更没进过洋学堂，到学院教学他一点自信也没有。其他许多
朋友力劝，徐悲鸿再三请求，并且答应齐白石教画可以不用讲，
只做示范即可，并且来去都有马车接送，徐悲鸿亲自作陪，这样
齐白石才勉强答应。齐白石到了学校以后其他教员都很尊敬他，
还有个外籍教员对齐白石非常钦佩，齐白石教画不喜欢讲，只坐
着静静地画，同学们在一旁静观，学生们接受齐白石的教学方
式，这让齐白石大感欣慰。齐白石对于徐悲鸿的推荐十分感激，
作诗"草庐三顾不容辞，何况雕虫老画师"以记其事，1929 年徐
悲鸿辞职南返，与齐白石不断有书信诗画往还。行前齐白石问徐
悲鸿行踪，徐悲鸿说半个月在上海，半个月在南京，齐白石就画
《寻旧图》表达思念之情，在画上题诗曰："一朝不见令人思，重
聚陶然未有期。海上风清明月满，杖篱扶梦访徐熙。"可见二人
交情之深。

1932 年徐悲鸿为齐白石编选画册并作序，1935 年徐悲鸿在艺
文中学举办了一个小型画展，齐白石扶病前往参观并留言："余
画友最可钦佩者，唯我悲鸿"。1939 年徐悲鸿在桂林写信求齐白
石精品，齐白石选珍藏旧作《耄耋图》慷慨相赠。此外，徐悲鸿
多次撰文对齐白石的艺术给予极高的评价。1946 年抗战胜利以后
徐悲鸿任北平艺术专科学校校长，又聘齐白石为名誉教授，1949
年中央美术学院成立，当时学校有人认为齐白石属于不上课的挂
名教授，建议取消其关系，徐悲鸿等校领导认为"现时并无挂名
教职员，齐白石、张大千为中国有数之名画家，虽不授课，但可

请其来校指导"，因而继续聘齐白石为名誉教授，徐悲鸿每个月都把齐白石的工资亲自送到他手里。每年春节徐悲鸿都早起去给齐白石拜年，齐白石过寿添孙，徐悲鸿都有书画赠送致贺。有一年春节，徐悲鸿夫妇派人为齐白石送上清江鲥鱼与粽子，并嘱咐烹制时"不必去鳞，因鳞内有油，宜清蒸，味道鲜美"，足见二人情谊之深。1951 年，齐白石的看护夏文珠因故离去，齐白石央请徐悲鸿夫妇代为寻找，后来徐悲鸿夫妇又帮助他另寻女陪护人员，照顾老人的生活。新中国成立后，齐白石与徐悲鸿都在国家美术机构担任职务，二人共同为新中国美术事业的发展献计献策。

1953 年徐悲鸿去世后，徐家人考虑到齐白石与徐悲鸿交情深厚以及齐白石年事高怕受刺激等原因，因而暂时没有告诉齐白石这个消息。但是原来徐悲鸿在世时每月必亲自为齐白石送去工资，现在就只好改由其他人了。徐悲鸿的夫人廖静文去看望齐白石，齐白石就问及悲鸿为什么没有来，廖静文就谎称徐悲鸿出国了，就这样维持了一段时间。后来时间长了齐白石就不相信了，约过了一年，齐白石雇了一辆三轮车，由他儿子陪同亲自到徐悲鸿家里看望。到了以后他才发现徐悲鸿的家门口已经挂上了"徐悲鸿纪念馆"的牌子，这时他就明白怎么回事了。齐白石缓缓走进去，因为纪念馆中徐悲鸿的画室、客厅还都保持着原状，齐白石还是坐在原来悲鸿在的时候他坐的沙发上，沉默了好久才问廖静文徐悲鸿的灵位是在哪里。因为齐白石是农村出生的，农户家里死了人都要写个灵位，但是纪念馆没有设，只有一个大照片挂在他们原来住的屋子里。齐白石就叫他的儿子搀着他走到徐悲鸿的屋子里，在徐悲鸿的遗像面前深深鞠躬，说："悲鸿先生我来看你了，我是齐白石。"然后默哀一阵子，含着眼泪离开了。

齐白石对于徐悲鸿的知遇之恩感戴终生，多次对人说"生我者父母，知我者徐君也。"

秦穆公五张羊皮换来一个相

百里奚，字井伯，虞国（今山西陆县东北）人。此人饱读诗书，有经世之学，渴望成就一番大事业。

游走天下的百里奚先到齐国，欲求见齐襄公，未得，辗转流落到宋国，在这里，他遇到隐士蹇叔——他一生中最重要的朋友。两人一起回到了百里奚的故乡虞国，拜访蹇叔在虞国为官的朋友宫之齐。宫之齐请他们留在虞国做事，但蹇叔认为虞国国君贪小便宜，难成大事，不肯留下来。而被贫困所迫的百里奚，经宫之奇的推荐，当上了虞国的大夫。后来，正如蹇叔所料，虞国国君因贪小便宜，借道给晋献公伐虢，结果晋军在假途灭虢之后，顺手牵羊地灭掉了虞国，百里奚便成了晋国的俘虏。

公元前655年，秦穆公迎娶晋献公的女儿，这是秦晋两国交好的重要标志。百里奚被当作陪嫁的奴朴。但他在送亲路上乘人不备偷偷逃跑了。

细心的秦穆公婚后发现陪嫁的礼单有一个叫百里溪的名字，却不见其人。他一问，身边有个叫公孙枝的晋国人告诉秦穆公：百里溪有治国之才，可惜一直怀才不遇，真所谓英雄无用武之地啊，大王若得此人，必堪大用！

此时的百里奚已流落到了楚国，在那里被当作奸细抓住，继续作看牛养马的奴仆。求贤心切的秦穆公打听清楚情况之后，就准备了一份送给楚成王的厚礼，以换回百里奚。公孙枝闻讯后急忙来劝阻道："楚国人让百里奚看马，是不知道他的本领，大王要是备了贵重礼品去请他，就是告诉楚王，百里奚是一个很重要的人，楚王一定不会放他离开。"秦穆公恍然大悟，便依照当时普通奴隶的价格，派人带五张羊皮去见楚成王说："老奴百里奚犯了法，现躲在贵国，请允许我们把他赎回去治罪。"于是楚成王把百里奚关进囚车交给秦使。

秦穆公看到日思梦想的百里奚时，却发现他已是一个白发苍苍的老人，不禁大失所望地问："先生多大岁数"？百里奚答："还不到七十岁"。秦穆公叹惜道："唉，先生可惜太老了！"百里奚答："大王如果派我上山打老虎，我确实是老了点，如果要我坐下来商讨国家大事，我比姜太公还年轻。"

几番深入长谈之后，秦穆公心悦诚服地感到百里奚确实是一位难得的治国奇才，便诚恳地请他当相国。百里奚告诉穆公："我的朋友蹇叔要比我强许多，大王要是想干一番大事业，就把他请来吧！"秦穆公立即派公子絷前去聘请蹇叔，蹇叔不愿意出来做官，但经不住公子絷再三恳求，便来到秦国。秦穆公与蹇叔一番谈论之后，亦是心悦诚服。第二天，秦穆公便拜蹇叔为右相，百里奚为左相，在二人的协助下，秦国重贤用能，经济和军事实力快速提升，很快称霸诸侯。

滥竽充数

古时候，齐国的国君齐宣王爱好音乐，尤其喜欢听吹竽，手下有不到 300 个善于吹竽的乐师。齐宣王喜欢热闹，爱摆排场，总想在人前显示做国君的威严，所以每次听吹竽的时候，总是叫这不到 300 个人在一起合奏给他听。

有个南郭先生听说了齐宣王的这个癖好，觉得有机可乘，是个赚钱的好机会，就跑到齐宣王那里去，吹嘘自己说："大王啊，我是个有名的乐师，听过我吹竽的人没有不被感动的，就是鸟兽听了也会翩翩起舞，花草听了也会合着节拍摆动，我愿把我的绝技献给大王。"齐宣王听得高兴，不加考察，很爽快地收下了他，把他也编进那支 300 人的吹竽队中。

这以后，南郭先生就随那 300 人一块儿合奏给齐宣王听，和大家一样享受着优厚的待遇，心里极为得意。其实南郭先生撒了个弥天大谎，他压根儿就不会吹竽。每逢演奏的时候，南郭先生就捧着竽混在队伍中，人家摇晃身体他也摇晃身体，人家摆头他也摆头，脸上装出一副动情忘我的样子，看上去和别人一样吹奏得挺投入，还真瞧不出什么破绽来。南郭先生就这样靠着蒙骗混过了一天又一天，不劳而获地白拿丰厚的薪水。但是好景不长，过了几年，爱听竽合奏的齐宣王死了，他的儿子齐潣（mǐn）王继承了王位。齐潣王也爱听吹竽，可是他和齐宣王不一样，认为 300 人一块儿吹实在太吵，不如独奏来得悠扬逍遥。于是齐潣王

发布了一道命令，要这 300 个人好好练习，作好准备，他将让它
300 人轮流来一个个地吹竽给他欣赏。乐师们接到命令后都积极
练习，都想一展身手，只有那个滥竽充数的南郭先生急得像热锅
上的蚂蚁，惶惶不可终日。他想来想去，觉得这次再也混不过去
了，只好连夜收拾行李逃走了。

像南郭先生这样不学无术靠蒙骗混饭吃的人，骗得了一时，
骗不了一世。假的就是假的，最终会因逃不过实践的检验而被揭
穿伪装。

纸上谈兵

战国时期，赵国有一个军事空谈家，叫赵括。他是赵国名将
赵奢的儿子。赵奢机智善战，为赵国立过大功，被子赵惠王封为
马服君。赵括从少年时代起，就熟读兵书，善谈兵法，连他的父
亲也说不过他，然而他的父亲却不以为然，认为他不具有真正的
军事才能，赵括的母亲问赵奢为什么，赵奢说："战争是关系到
国家命运的大事，必须以极其严肃诓谨慎的态度去对待，而赵括
却把它看得很轻率，这就一定要坏事。"

赵奢的话不幸而言中，赵括果然在后来的长坪之战中一败涂
地，四十五万赵军全部覆没。公元前 262 年，秦国攻取了韩国的
上党郡，韩请求赵国发兵取上党十七县，以抵抗秦国。赵国派遣
大将廉颇带大军驻守长平，秦国也派大军向长平进攻。

面对强大的秦军，廉颇筑壁垒坚守，秦军屡次挑战，赵军始

终按兵不动。两军在长平相持三年，不分胜负，于是秦国采取反间计，派间谍携带千金贿赂赵国的权臣，并散布谎言说："赵将唯马服君最良，其子赵括勇过其父，若使为将，诚不可挡。廉颇老而怯，屡战俱败，为秦兵所逼，不日将降秦矣!"这时赵惠文王已死，赵孝成王即位，赵孝成王对廉颇的坚守政策早已不满，又听信了谎言，于是撤换廉颇，让赵括接替了廉颇职位。

当时赵奢早已死去，赵括的母亲听到这个信息后，立即去见赵王，反复陈述赵括不能作将军的理由，仍没有得到赵王的允许。于是赵括走马上任，一到长平就把廉颇原来的计划全部改变，调兵遣将大举进攻秦军。

这时，秦王密派能善战的白起为上将军，取代了王龁。白起到任后，先在正面佯败后退，另外又布置了两支骑兵，迂回抄袭赵军后路，赵括不知是计仍然乘胜追击，直攻到秦军壁垒之下。秦军坚守阵地，赵军不能攻下。这时，秦军的一支骑兵已经切断了赵军的后路，使赵军腹背受敌，另一支骑兵直攻军粮道，使赵军失去了根据地。秦军又出轻兵进攻赵军，赵军只好节节败退，临时筑垒固守，以待援军，秦昭王听说赵军粮道已断，亲自往河北征发十五岁以上的男子，全部送往长平，阻绝赵国的救兵和粮草。赵军被围，马无粮草逾四十多日饥饿的士兵杀人相食。赵括分兵四队，轮番反攻仍不能突围。最后，以亲率精兵搏战，被秦军乱箭射死。赵军失去主将，军心大乱，四十万赵军投降了秦国。白起怕投降的赵兵寻机造反，便把战俘中年幼的240人放回赵国，其余全部活埋。

赵括空谈军事理论，不懂随机应变，长平一战断送了赵国四十万大军，使赵国元气大伤。

一意孤行

西汉时期，有个叫赵禹的人，是太尉周亚夫的属官司，一个偶然的机会，汉武帝刘彻看到了他写的文章文笔犀利，寓意深刻，认为在当时很少有人及得上他。汉武帝大为赏识，便让赵禹担任御史，后又升至太中大夫，让他同太中大夫张汤一同负责制定国家法律。为了用严密的法律条文来约束办事的官吏，他们根据汉武帝的旨意，对原有的法律条文重新进行了补充和修订。当时许多官员都希望赵禹能手下留情，把法律条文修订得有个回旋的余地，便纷纷请他和张汤一起作客赴宴，但赵禹从来不答谢回请。几次以后，不少人说他官架子大，看不起人。过了一些时候，赵禹和张汤经过周密的考虑和研究，决定制定"知罪不举发"和"官吏犯罪上下连坐"等律法，用来限制在职官吏，不让他们胡作非为。消息一传出，官员们纷纷请公卿们去劝说一下赵禹，不要把律法定得太苛刻了。

公卿们带了重礼来到赵禹家，谁知赵禹见了公卿，只是天南海北地闲聊。丝毫不理会公卿们请他修改律法的暗示，过了一会，公卿们见实在说不下去了，便起身告辞。谁知临走前，赵禹硬是把他们带来的重礼退还。

这样一来，人们才真正感到赵禹是个极为廉洁正直的人，有人问赵禹，难道不考虑周围的人因此对他有什么看法吗？他说：

"我这样断绝好友或宾客的请托，就是为了自己能独立地决定、处理事情，按自己的意志办事，而不受别人的干扰。"

囊萤映雪

晋代孙康由于没钱买灯油，晚上不能看书，只能早早睡觉。他觉得让时间这样白白跑掉，非常可惜。

一天，他从梦中醒来，把头侧向窗户时，发现窗缝里透进一丝光亮。原来，那是大雪映出来的，可以利用它来看书。于是他倦意顿失，立即穿好衣服，取出书籍，来到屋外。宽阔的大地上映出的雪光，比屋里要亮多了。孙康不顾寒冷，立即看起书来，手脚冻僵了，就起身跑一跑，同时搓搓手指。此后，每逢有雪的晚上，他就不放过这个好机会，孜孜不倦地读书。这种苦学的精神，促使他的学识突飞猛进，成为饱学之士。后来，他当了一个大官。

晋代时，车胤从小好学不倦，但因家境贫困，父亲无法为他提供良好的学习环境。为了维持温饱，没有多余的钱买灯油供他晚上读书。为此，他只能利用白天时间背诵诗文。夏天的一个晚上，他正在院子里背一篇文章，忽然见许多萤火虫在低空中飞舞。一闪一闪的光点，在黑暗中显得有些耀眼。他想，如果把许多萤火虫集中在一起，不就成为一盏灯了吗？于是，他去找了一只白绢口袋，随即抓了几十只萤火虫放在里面，再扎住袋口，把它吊起来。虽然不怎么明亮，但可勉强用来看书了。从此，只要有萤火虫，他就去抓一把来当作灯用。由于他勤学苦练，后来终于做了职位很高的官。

铁杵磨成针

唐朝著名大诗人李白小时候不喜欢念书，常常逃学，到街上去闲逛。一天，李白又没有去上学，在街上东溜溜、西看看，不知不觉到了城外。暖和的阳光、欢快的小鸟、随风摇摆的花草使李白感叹不已，"这么好的天气，如果整天在屋里读书多没意思？"

走着走着，在一个破茅屋门口，坐着一个满头白发的老婆婆，正在磨一根棍子般粗的铁杵。李白走过去，"老婆婆，您在做什么？"

"我要把这根铁杵磨成一个绣花针。"老婆婆抬起头，对李白笑了笑，接着又低下头继续磨着。"绣花针？"李白又问："是缝衣服用的绣花针吗？""当然！""可是，铁杵这么粗，什么时候能磨成细细的绣花针呢？"老婆婆反问李白："滴水可以穿石，愚公可以移山，铁杵为什么不能磨成绣花针呢？""可是，您的年纪这么大了？""只要我下的功夫比别人深，没有做不到的事情。"老婆婆的一番话，令李白很惭愧，于是回去之后，再没有逃过学。每天的学习也特别用功，功夫不负有心人。最后李白成为了中国的著名的"诗仙"。

糟糠之妻

　　东汉初年大司空宋弘，为人正直，做官清廉，对皇上直言敢谏。曾先后为汉室推荐和选拔贤能之士三十多人，有的官至相位。光武帝刘秀对他甚为信任和器重，封他为宣平侯。

　　光武帝的姐姐湖阳公主新寡后，刘秀有意将她嫁给宋弘，但不知她是否同意。一天，光武帝与湖阳公主共论朝臣。湖阳公主说："宋公（指宋弘）威容德器，群臣莫及。"刘秀听后很高兴，召见宋弘，让公主在屏风后观听。刘秀对宋弘说："谚言贵易交，富易妻，人情乎？"意思是：俗话说，高贵了就忘掉了交情，富有了想另娶妻子，这是人之常情吗？宋弘一听，知道这句话里有意思，他答道："臣闻贫贱之交不可忘，糟糠之妻不下堂。"意思是：我听说，对贫穷卑贱的知心朋友不可忘，共患难的妻子不可抛弃。光武帝听后，回过头向里边的湖阳公主说："事不谐矣（此事不成了）。"

　　"谚言贵易交，富易妻，人情乎？"当为"俗话说，一个人从卑贱转变到了显贵，就会不再和以前同处于卑贱而有交往的人一起，而是更换自己的交际圈，开始和同处于地位相当的人交往，一个人从贫穷转变到了富有，就会娶新的女子作为妻子，这怎么会是一个人为人处世的道理呢？

负荆请罪

　　战国时候，有七个大国，它们是齐、楚、燕、韩、赵、魏、秦，历史上称为"战国七雄"。这七国当中，又数秦国最强大。秦国常常欺侮赵国。有一次，赵王派一个大臣的手下人蔺相如到秦国去交涉。蔺相如见了秦王，凭着机智和勇敢，给赵国争得了不少面子。秦王见赵国有这样的人才，就不敢再小看赵国了。赵王看蔺相如这么能干。就封他为"上卿"（相当于后来的宰相）。

　　赵王这么看重蔺相如，可气坏了赵国的大将军廉颇。他想：我为赵国拚命打仗，功劳难道不如蔺相如吗？蔺相如光凭一张嘴，有什么了不起的本领，地位倒比我还高！他越想越不服气，怒气冲冲地说："我要是碰着蔺相如，要当面给他点儿难堪，看他能把我怎么样！"廉颇的这些话传到了蔺相如耳朵里。蔺相如立刻吩咐他手下的人，叫他们以后碰着廉颇手下的人，千万要让着点儿，不要和他们争吵。他自己坐车出门，只要听说廉颇打前面来了，就叫马车夫把车子赶到小巷子里，等廉颇过去了再走。

　　廉颇手下的人，看见上卿这么让着自己的主人，更加得意忘形了，见了蔺相如手下的人，就嘲笑他们。蔺相如手下的人受不了这个气，就跟蔺相如说："您的地位比廉将军高，他骂您，您反而躲着他，让着他，他越发不把您放在眼里啦！这么下去，我们可受不了。"蔺相如心平气和地问他们："廉将军跟秦王相比，哪一个厉害呢？"大伙儿说："那当然是秦王厉害。"蔺相如说：

"对呀！我见了秦王都不怕，难道还怕廉将军吗？要知道，秦国现在不敢来打赵国，就是因为国内文官武将一条心。我们两人好比是两只老虎，两只老虎要是打起架来，不免有一只要受伤，甚至死掉，这就给秦国造成了进攻赵国的好机会。你们想想，国家的事儿要紧，还是私人的面子要紧？"

蔺相如手下的人听了这一番话，非常感动，以后看见廉颇手下的人，都小心谨慎，总是让着他们。后来蔺相如的这番话，后来传到了廉颇的耳朵里。廉颇惭愧极了。他脱掉一只袖子，露着肩膀，背了一根荆条，直奔蔺相如家。蔺相如连忙出来迎接廉颇。廉颇对着蔺相如跪了下来，双手捧着荆条，请蔺相如鞭打自己。蔺相如把荆条扔在地上，急忙用双手扶起廉颇，给他穿好衣服，拉着他的手请他坐下。

蔺如和廉颇从此成了很要好的朋友。这两个人一文一武，同心协力为国家办事，秦国因此更不敢欺侮赵国了。"负荆请罪"也就成了一句成语，表示向别人道歉、承认错误的意思。

柳公权虚心学字

有一天，柳公权和几个小伙伴举行"书会"。一个卖豆腐的老人看到柳公权写的几个字："会写飞凤家，敢在人前夸"，觉得这孩子的确太骄傲了，皱皱眉头说："这字写得并不好，好像我的豆腐一样，软塌塌的，没筋没骨，还值得在人前夸吗？"小公权一听，不高兴地说："有本事，你写几个字让我看看。"老人爽朗地笑了笑说："不敢，不敢，我是一个粗人，写不好字。可是，人家有人用脚都写得比你好得多呢！不信，你到华京城看看去吧。"第二天，小公权五更便起床，独自去了华京城。一进华京城，他看见一棵大槐树下围了许多人。他挤进人群，只见一个没有双臂的黑瘦老头赤着双脚，坐在地上，左脚压纸，右脚夹笔，正在挥洒自如地写对联，笔下的字似群马奔腾、龙飞凤舞，博得围观的人们阵阵喝彩。小公权"扑通"一声跪在老人面前说："我愿意拜您为师，请您告诉我写字的秘诀……"老人慌忙用脚拉起小公权说："我是个孤苦的人，生来没手，只得靠脚巧混生活，怎么能为人师表呢?"小公权苦苦哀求，老人才在地上铺了一张纸，用右脚写了几个字："写尽八缸水，砚染涝池黑；取百家长，始得龙凤飞。柳公权把老人的话牢记在心，从此发奋练字。手上磨起了厚厚的茧子，衣服补了一层又一层。经过苦练，柳公权终于成为我国著名书法家。